AUX CROCHETS

D'UN

GENDRE

COMÉDIE EN QUATRE ACTES

PAR

TH. BARRIÈRE & L. THIBOUST

M · L

PARIS

MICHEL LÉVY FRÈRES, LIBRAIRES ÉDITEURS

RUE VIVIENNE, 2 BIS, ET BOULEVARD DES ITALIENS, 15

A LA LIBRAIRIE NOUVELLE

—

M DCCC LXIV

Y Th.
482

AUX

CROCHETS D'UN GENDRE

COMÉDIE

Représentée pour la première fois, à Paris, sur le théâtre du VAUDEVILLE,

le 8 avril 1864.

Imprimerie de L. TOINON et Cie, à Saint-Germain.

AUX
CROCHETS D'UN GENDRE

COMÉDIE EN QUATRE ACTES

PAR

THÉODORE BARRIÈRE et LAMBERT-THIBOUST

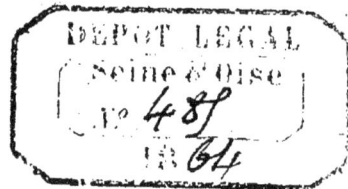

PARIS

MICHEL LÉVY FRÈRES, LIBRAIRES ÉDITEURS

RUE VIVIENNE, 2 BIS, ET BOULEVARD DES ITALIENS, 15

A LA LIBRAIRIE NOUVELLE

1864

PERSONNAGES

PAUL FONTELAIS, agent de change,
37 ans. . . . . M. Félix.

MARTHE, sa femme, 24 ans. . . . . . . Mlle Cellier.

HONORÉ BELJAMES, père de Marthe,
60 ans. . . . . M. Parade.

SOPHIE BELJAMES, sa femme 50 ans. Mme Lambquin.

BLANCHE, leur seconde fille 20 ans. . Mlle Angèle Brémont.

RENÉ DE NORGUET, ami de Paul,
24 ans. . . . . MM. Ariste.

M. MOUTONNET, ami de Beljames,
58 ans. . . . . Delannoy.

ONÉSYME, son fils, 23 ans. . . . . . Saint Germain.

JULIEN, ⎱ domestiques de Fontelais. ⎰ Grivot.
BAPTISTE, ⎰   ⎱ Roger.

SUZANNE, femme de chambre de ma-
dame Fontelais. . . . . Mme Bianca.

GERVAIS, suisse de l'hôtel. . . . . . MM. Bastien.

JEAN, cocher. . . . .   Turlin.

De nos jours.

Toutes les indications sont prises de la salle. — Pour la mise en scène détaillée, s'adresser à M. Brierre, souffleur-copiste, au théâtre.

AUX

CROCHETS D'UN GENDRE

ACTE PREMIER

Chez Paul Fontelais. — Un élégant boudoir. — Porte au fond ; portes latérales ; à droite, un canapé, un pouff, une chaise, fauteuils. — Au premier plan à gauche, une cheminée avec du feu ; au coin de la cheminée, un guéridon chargé de ce qu'il faut pour souper. — A droite, une fenêtre ; un fauteuil, une chaise.

SCÈNE PREMIÈRE

JULIEN, SUZANNE *.

Au lever du rideau, Suzanne, à moitié endormie, est étendue sur le canapé à droite ; Julien est debout près de la fenêtre. Lampes allumées.

JULIEN, frissonnant et descendant en scène.

Oh ! ils ne rentreront pas... Il me semble qu'il fait froid ici. (Suzanne ne répond rien.) Si je remettais du bois ? (Il va à la cheminée.)

SUZANNE, somnolente.

Remettez-en... (Julien s'apprête à mettre du bois ; cinq heures sonnent à la pendule.)

* Julien, Suzanne.

1

JULIEN.

Dites donc, mam'zelle Suzanne, voilà cinq heures qui sonnent.

SUZANNE, même jeu.

Laissez-les sonner, monsieur Julien.

JULIEN, mettant le bois dans la cheminée.

Ah! mon Dieu!... est-ce assez mauvais genre de rester au bal jusqu'à cinq heures du matin! (Il s'assied à gauche de la cheminée. Suzanne reste muette. Julien, se retournant.) Est-ce que vous ne trouvez pas, vous? (Suzanne se détire, Julien se lève et se rassied sur un fauteuil. Julien reprenant:) Est-ce que vous ne trouvez pas? (Suzanne s'installe plus commodément pour dormir. Julien continue tout en tisonnant.) Ah! ces lunes de miel! quelles pestes pour les domestiques! à l'avenir, je ne servirai plus que des maîtres qui auront quinze ans de ménage.

SUZANNE.

Eh bien, allez-vous-en, vous reviendrez dans quatorze ans et demi.

JULIEN, se lève et se dirige vers Suzanne.

Mais si je pars, me suivrez-vous?

SUZANNE.

On ne peut pas savoir; allez toujours devant.

JULIEN, qui est retourné à la cheminée.

Petite méchante... (Se penchant tout à coup, pour écouter contre la glace.) Ah mon Dieu! je crois que j'ai mis trop de bois... on dirait que le feu est dans la cheminée.

SUZANNE, sans se déranger.

Allez chercher les pompiers.

JULIEN, même jeu.

Ma parole, je crois qu'il y est; comment donc faire pour m'en assurer?

SUZANNE.

Il n'y a qu'à monter sur le toit.

JULIEN.

J'aime encore mieux que tout brûle. (Écoutant plus attentivement et désignant le côté de la fenêtre.) Je me trompais .. ce n'est pas le feu, c'est les voitures. (Suzanne se retourne de nouveau. — Riant.) Ça aurait été drôle tout de même, quand les autres seraient rentrés. (Il s'assied sur une chaise derrière le canapé et se penchant vers Suzanne.) Tiens, il y a eu justement un incendie l'autre jour au Havre, dans la maison à côté de celle de notre beau-père.

SUZANNE, bâillant de nouveau.

Ah! tant mieux!

JULIEN, après un temps.

Qu'est-ce qu'il était donc, le père de madame?

SUZANNE.

Il était bedeau.

JULIEN, riant et se levant.

Mais non; il était courtier maritime, même qu'il a quitté sa place après avoir hérité d'un parent qui... quel parent déjà?

SUZANNE.

Son grand-oncle, le marchand de parapluies.

JULIEN.

Mais non; son frère l'armateur, à preuve qu'il est mort en revenant des Antilles... C'est égal, M. Beljames a eu tout de même de la veine de marier sa fille à un agent de change de Paris... Combien est-ce déjà qu'il a donné de dot à sa fille, le vieux Havrais.

SUZANNE.

Quinze cents francs et des centimes.

JULIEN.

Trois cent mille francs, vous voulez dire? puisque son frère lui en avait laissé neuf cent mille... Le bonhomme, comme de juste, en a gardé six cents pour lui, sa femme et ses autres enfants, car il a d'autres enfants, n'est-ce pas? (Suzanne ne répond pas.) Combien donc qu'il en a encore, dites?

SUZANNE.

Il en a tant qu'on veut.

JULIEN.

Le père Beljames? il n'a plus qu'une fille.

SUZANNE.

Nommée Marthe.

JULIEN.

Non... c'est madame Fontelais, votre maîtresse, qui se nomme
Marthe; l'autre fille à M. Beljames, sa cadette se nomme Blanche.

SUZANNE, se redressant tout à coup.

Mais alors, animal, puisque vous savez tout ça, pourquoi me le
demandez-vous?

JULIEN.

Oh! que vous êtes désagréable en société.

SUZANNE, arrangeant le coussin du canapé.

Est-ce que vous croyez que ça m'amuse, tout ce que vous me
racontez là?

JULIEN.

Dame! il me semble...

SUZANNE.

C'est vrai, quand on n'est pas capable de tenir une femme,
éveillée on la laisse dormir.

JULIEN.

Ah! vous ne me croyez pas capable de... (Il s'approche d'elle.)

SUZANNE, le repoussant.

Eh bien, que je vous voie.

JULIEN, tranquillement.

Comme vous êtes drôle; vous vous fâchez, et vous ne savez pas
où je veux en venir.

SUZANNE.

Non. (Julien fait un mouvement.) Ah! laissez-moi tranquille ou
j'appelle.

JULIEN, riant.

Qui ça, monsieur et madame? mais puisqu'ils sont sortis. (Il veut lui prendre la taille.) Suzanne! rien qu'un? (S'avançant pour l'embrasser.)

SUZANNE.

Eh bien, le v'là. (Elle lui donne un soufflet, et aussitôt on entend un coup de sonnette.)

JULIEN, se tenant la joue.

C'est bien, je mettrai ça sur votre compte...

SUZANNE.

Silence... voilà nos gens qui rentrent. (Elle court ouvrir la porte; Marthe et Paul Fontelais paraissent; Marthe est en grande toilette de bal.)

SCÈNE II

LES MÊMES, FONTELAIS, MARTHE.

FONTELAIS, se précipite en scène en grelottant. Il fait passer devant lui Marthe et la conduit devant la cheminée, il la fait asseoir dans un fauteuil.

Je parie pour vingt degrés... au soleil!... (A Marthe.) Entrez vite, ma chère... (A Julien.) Pourquoi donc ne fait-on pas de feu partout? (Descendant.) Ce grand salon, c'est la Sibérie; j'y ferai établir des traîneaux!... (Regardant Julien et lui donnant son chapeau.) Qu'est-ce que tu as donc, toi? tu es tout rouge d'un côté.

JULIEN, embarrassé.

Monsieur, je... je m'étais endormi au coin de la cheminée. (Fontelais lui remet son cache-nez.)

FONTELAIS, à part.

Ces coquins-là, ils se chauffent tandis que leurs maîtres se gèlent... (A Marthe.) Vous sentez-vous mieux?

MARTHE, assise devant le feu.

Oui, mon ami.

JULIEN, voulant débarrasser Fontelais de son pardessus:

Si monsieur veut me permettre?...

FONTELAIS.

Hein? quoi?... (Comprenant.) Ah! oui... (Lui donnant son paletot.) Tiens, débarrasse-moi de tout ça et va-t'en.

JULIEN, après avoir porté le paletot ainsi que le cache-nez sur la chaise placée près de la fenêtre.

Quels ordres monsieur me donne-t-il pour demain? (Suzanne va à Marthe et la débarrasse de ses bijoux, de sa sortie de bal qu'elle pose sur la chaise du fond à gauche.)

FONTELAIS, lui montrant la pendule.

Pour aujourd'hui, tu veux dire? Eh bien, mes ordres, les voici: Il fera jour chez moi à midi, et chez madame à cinq heures.

JULIEN.

Monsieur n'a plus besoin de moi?

FONTELAIS.

Non, de toi, ni... (appuyant) ni de Suzanne...

SUZANNE, défaisant la coiffure de Marthe.

Ah! pardon, monsieur, mais... (Elle continue son ouvrage, Marthe pousse un petit cri.)

FONTELAIS, s'élançant.

Maladroite, va!...

MARTHE, souriant.

Oh! je n'en mourrai pas, mon ami.

SUZANNE, enlevant la coiffure.

Oh! madame, ce n'est pas bien sûr.

FONTELAIS.

Mais c'est qu'elle se moque de moi, encore...

SUZANNE.

Oh! monsieur!...

FONTELAIS.

Allons, c'est bon.., va-t'en vite, ou je te fais coucher dans le salon... avec les ours blancs.

SUZANNE, se rapprochant de sa maîtresse.

Mais monsieur, il faut encore que j'ôte la coiffure de madame.

MARTHE, souriant.

Va, mon enfant, je me déferai moi-même...

SUZANNE, à part.

J'y comptais bien. (Haut.) Je m'en vais, madame... (Elle sort en emportant les bijoux et la couronne ; Julien était sorti un peu avant.)

SCÈNE III

FONTELAIS, MARTHE*.

Dès que Suzanne a disparu, Fontelais court à sa femme, et sans parler, couvre de baisers ses cheveux, son cou, ses bras et le reste.

MARTHE, se défendant en riant.

Paul! Paul!... finis donc... je t'en prie... je vais me fâcher... tu me fais mal... (Elle se lève et passe à droite.)

FONTELAIS, s'arrêtant tout à coup avec effroi et allant à Marthe.

Je t'ai fait mal?... ah! tiens, Suzanne et moi nous sommes deux assassins!... ma petite chérie, où t'ai-je fait mal ? (L'embrassant à droite et à gauche.) Là ? là ? là ? oh! je trouverai bien à la fin, va...

MARTHE, riant et étendant les deux bras pour se garantir de l'avalanche.

Ne cherche plus; c'est guéri. (Elle s'assied sur le canapé.)

FONTELAIS, respirant, prenant le pouff et s'asseyant près de Marthe.

Ah! ça va mieux, moi aussi... J'en mourais, sais-tu?... cinq heures un quart sans t'embrasser!. .sans te dire: «Marthe...»tout court, sans te dire : «toi...»Tout au long... Oh! les bals! quelle invention barbare... pour les maris! (Lui prenant les mains.) As-tu assez polké, mazurké, monstre?... étais-tu assez contente de voir tous ces yeux vitrés ouverts sur tes insolentes épaules? (Les épaules en question font en ce moment un petit soubresaut.) Bon... encore une de leurs insolences...

* Marthe, Fontelais.

MARTHE, souriant.

Tu es méchant !

FONTELAIS.

Dis que je suis cruel, féroce, sanguinaire !... oh ! tous ces visages pâles d'invités célibataires ! comme je les aurais scalpés avec plaisir !... s'ils avaient eu des cheveux !... oh ! comme j'aurais dévoré de bon appétit ce long prospectus de Renaud de Longueville qui a valsé avec toi !... car vous avez valsé, perfide !... vous avez livré à ce héron votre taille d'ormeau et votre main de baby !... et vos mèches parfumées ont fait l'école buissonnière sur l'épaule en deuil d'un idiot inconnu.

MARTHE, souriant.

Mais oui...

FONTELAIS.

Mais, savez-vous, madame, qu'on a jeté maintes et maintes fois dans le Bosphore de gentilles demoiselles qui n'en avaient pas fait autant que ça ?

MARTHE.

Vraiment !

FONTELAIS.

Si je voulais plaider en séparation, moi, cependant ?

MARTHE, riant.

Ça ne te servirait à rien, puisqu'il ne suffit même pas du consentement mutuel des deux époux...

FONTELAIS.

En vérité ? comme cela il faut que je vous garde ?

MARTHE.

Mon Dieu, oui.

FONTELAIS.

Et vous croyez que c'est gai ?

MARTHE.

Non... mais qu'y faire ? (Elle se lève.) On n'est ici-bas que pour souffrir...

FONTELAIS, avec un soupir.

C'est vrai!... (Il se lève et changeant de ton.) Souffrez donc... que je vous embrasse !

MARTHE.

Ah! bien non... assez.

FONTELAIS.

Comment, assez?... vous ne voulez pas plaider en séparation, et vous me dites: « Assez?... » c'est trop fort. (Il embrasse Marthe malgré elle.)

MARTHE.

Paul!...

FONTELAIS.

C'est pour le principe!

MARTHE.

A la bonne heure...

FONTELAIS.

Maintenant, soupons!... (Il descend le guéridon un peu en scène, avance un fauteuil à la droite de la table, à Marthe en affectant un ton bourru.) Venez ici... (Grossissant sa voix.) Venez ici, vous dis-je. (Marthe feint d'être effrayée et vient s'asseoir en riant.) Là... (Plaçant sa chaise, il s'assied e dos tourné au public et se relevant.) Non... pas là... (Il rapproche sa chaise près de Marthe. Se relève.) Non... (Il avance de nouveau sa chaise et e trouve ainsi tout près de Marthe.) Là... (La servant.) Madame, vous offrirai-je un rien de ce perdreau? (Versant et lui tendant le verre.) Un doigt de malaga, je vous prie... (Dès que Marthe a commencé à boire.) Pardon, madame, rangez un peu vos lèvres; on tient deux au bord de cette coupe !

MARTHE, lui donnant le verre.

Tiens donc.

FONTELAIS. Il boit après elle, se renversant dans son fauteuil et avec amour.

Oh! la belle invention que la vie. (Lui entourant la taille.) Entends-tu les salamandres qui chantent dans le foyer?

1.

MARTHE, d'un petit air railleur.

Non.

FONTELAIS.

Et, au dehors, les grêlons qui tambourînent sur les vitres.

MARTHE, attentive.

Oui...

FONTELAIS.

Ils sonnent la retraite (à demi-voix) l'extinction... des feux!...
(Après un temps.) Est-ce que tu as faim, Marthe?...

MARTHE.

Non...

FONTELAIS.

As-tu soif?

MARTHE, avec un petit geste d'impatience.

Mais non.

FONTELAIS.

Alors, tu as envie de dormir?

MARTHE, souriant.

Oui.

FONTELAIS, se levant et prenant un flambeau.

Madame, il fera jour chez moi à midi, et chez vous à quatre
heures... où vous conduirai-je?

MARTHE, prenant son bras en baissant les yeux.

Chez moi, monsieur !... (Fontelais et Marthe font un pas vers la chambre
de droite; tout à coup retentit un violent coup de sonnette, aussitôt suivi d'un
second, puis d'un troisième.)

FONTELAIS, s'arrêtant.

Eh là, Seigneur ! qu'est-ce que c'est que ça ? et qui diable peut
carillonner ainsi? mais c'est fantastique!... Il n'y a que dans les
châteaux abandonnés qu'on se présente à pareille heure; et encore,

dans ces cas-là, on ne sonne pas, on donne du cor... (Ils se dirige
vers la porte à droite; entre Baptiste; il tient une carte à la main. Fontelais et
Marthe sont près de la porte.)

SCÈNE IV

Les Mêmes, BAPTISTE, puis JULIEN, et SUZANNE*.

FONTELAIS, à Baptistes.

Ah! Baptiste! qui est-ce donc?

BAPTISTE.

Oh! un monsieur qui a l'air bien respectable et bien pressé!... il
veut absolument, dit-il, parler à quelqu'un.

FONTELAIS, reprenant le bras de sa femme.

Ah bien, si ce n'est que ça, je te permets de causer avec lui jusqu'à midi.

BAPTISTE.

Ah! mais monsieur, il m'a remis sa carte; la voici.

FONTELAIS, lisant et faisant un bond de surprise.

Honoré Beljames!... mon beau-père!...

MARTHE, de même.

Mon père à Paris! et à cette heure!... Un malheur est arrivé
très-certainement!... (Elle passe à gauche.)

FONTELAIS,

Allons donc.

MARTHE, très-agitée.

Ma mère, ma sœur, malades... (Elle se dirige vers la droite.)

FONTELAIS, la suivant.

Marthe, calme-toi...

MARTHE, de même

Mortes peut-être?...

* Baptiste, Fontelais, Marthe.

FONTELAIS.

Chère enfant! je t'en prie !...

MARTHE, à moitié folle, avec des larmes.

Oh! maman!... Blanche... (Chancelant.) Paul! Paul!... je crois que je me trouve mal. (Elle tombe dans le canapé. Fontelais s'élance auprès d'elle.)

FONTELAIS, aux cent coups.

Allons, bon !... du secours. (Appelant et sonnant à tour de bras.) Julien,... Suzanne!... (A Baptiste, qui court çà et là.) Baptiste... dégraffe-la... non... pas toi... va-t'en... va chercher un flacon de sels là... dans ma chambre... non ce n'est pas la peine... le voici. (Il tire un flacon de sa poche et le fait respirer à Marthe.)

JULIEN et SUZANNE, entrant

Qu'y a-t-il...?

SUZANNE, s'élançant.

Mon Dieu! madame...

FONTELAIS, perdant la tête.

Vite, un médecin... madame se meurt !...

SCÈNE V

LES MÊMES, BELJAMES.

BELJAMES, entré sur les derniers mots, jette son chapeau que Julien ramasse, et, se précipitant vers Marthe avec des cris.

Ma fille!... mon enfant !... (Tombant accablé sur le pouff.) Ah !... Le ciel me prend tout à la fois...

MARTHE, avec des sanglots.

Je ne me trompais donc pas?...

BELJAMES, avec joie.

Elle parle !...

FONTELAIS, passant devant Marthe et Beljames pour congédier les domestiques.

Laissez-nous... (Suzanne, Julien et Baptiste s'en vont.)

MARTHE, continuant, et avec désespoir, tandis que Fontelais serre avec
expression la main de Beljames *.

Ainsi ma mère!... ma sœur!...

BELJAMES, très-calme.

Elles se portent très-bien, je te remercie!...

FONTELAIS, étonné.

Bah !

MARTHE, de même.

Il serait vrai?... Mais alors...

FONTELAIS.

Que disiez-vous donc?... Qu'est-ce que le ciel vous a donc
pris?

BELJAMES.

Toute ma fortune!... Je suis ruiné!...

FONTELAIS, descendant à gauche, tombant dans un fauteuil, et avec un
grand soupir de soulagement.

Ah ! que le bon Dieu vous bénisse !...

BELJAMES, avec dignité, il se lève.

Le mot est dur, mon gendre? Et vous oubliez bien vite, ce me
semble, les égards que l'on doit au malheur...

MARTHE, étonnée.

Mais papa...

BELJAMES, poursuivant.

Je m'attendais bien, assurément, à un froid accueil!...

FONTELAIS, se lève.

Permettez?...

* Beljames, Fontelais debout derrière le canapé, Marthe assise.

BELJAMES, de même.

Mais j'aurais cru que, ne fût-ce que par respect humain...

FONTELAIS.

Pardon! pardon!... nous ne nous entendons pas...

BELJAMES, avec un triste sourire.

Si monsieur ; Si... Eh mon Dieu! Je ne vous en veux pas... vous suivez la loi commune, et...

FONTELAIS.

Voulez-vous me permettre de placer un mot?...

BELJAMES, de même.

Malheureusement, je ne suis pas né d'hier...

FONTELAIS.

Oui ; je ne vous dis pas le contraire... mais la question n'est pas là... Comprenez-moi bien... Ma femme et moi nous avions cru un instant à un malheur irréparable ; eh bien, en apprenant qu'il ne s'agit que d'une perte d'argent, nous devons être heureux, n'est-ce pas?... C'est clair!... Comprenez-vous?

BELJAMES.

Oui, monsieur ; oui, grâce à Dieu, le coup qui m'a frappé ne m'a pas rendu tout à fait idiot.

FONTELAIS.

Eh bien, alors?...

BELJAMES.

Eh bien alors, quoi?... vous avez été le jouet d'une erreur? c'est très-bien... mais ce n'était pas une raison pour commencer par m'envoyer au diable.

MARTHE.

Ah! papa... mon mari à dit seulement ; que le bon Dieu vous bénisse!

BELJAMES.

Ça veut dire la même chose.

FONTELAIS.

Et encore, si j'ai dit cela, c'est que je n'ai pas été maître d'un premier mouvement lorsque....

BELJAMES.

Mon gendre, il faut prendre garde à ses premiers mouvements, vis-à-vis surtout d'un homme que l'adversité a pu rendre justement susceptible.

FONTELAIS, maîtrisant son impatience.

Oui... là... c'est vrai... Mais voyons, maintenant mon cher beaupère, l'incident est vidé, n'est-ce pas? Eh bien, n'en parlons plus, asseyez-vous au coin du feu, dans cet excellent fauteuil, là...

BELJAMES.

Un excellent fauteuil. C'est inutile... une simple chaise suffira. . Comme il va me falloir recommencer les luttes de la vie, il est bon que, dès à présent, je m'habitue aux privations de toutes espèces...

FONTELAIS, se contenant.

Mais monsieur Beljames, nos fauteuils vous tendront toujours les bras, croyez-le bien.

MARTHE.

Allons, papa, mettez-vous là, entre nous deux. (Elle le fait asseoir à droite de la table, Marthe avance le pouff près de Beljames et s'assied. Fontelais a pris un fauteuil et s'est placé devant la cheminée.) Et racontez-nous...

BELJAMES.

A quoi bon?... Pourquoi vous attrister par le récit de mes désastres?... pourquoi jeter un nuage dans votre ciel riant et .. (Il s'arrête.)

MARTHE.

Qu'avez-vous, donc papa?... Ah ! vous regardez ma toilette?... nous avons passé la nuit au bal, et...

BELJAMES, avec amertume.

Quelle étrange chose que la vie!... ainsi, tandis que ta mère, ta sœur et moi nous étions dans le chagrin et dans les larmes, vous, vous livriez à la joie et au plaisir !

FONTELAIS.

Ah ! mais voyons, beau-père.

MARTHE.

Nous ne savions rien.

BELJAMES.

C'est vrai... mais il me semble que... quelque chose aurait dû t'avertir...

FONTELAIS.

Il y a d'abord le télégraphe.

BELJAMES, sévèrement.

Je veux parler, monsieur... l'esprit fort, de certains pressentiments, de certaines voix secrètes...

FONTELAIS.

Permettez, monsieur Beljames, mais ma femme n'est pas une somnambule.

BELJAMES, amèrement.

C'est juste... et je suis ridicule... (Il passe à droite,)

FONTELAIS, à part.

Ah ! sacrebleu ! c'est bien mon avis.

BELJAMES.

Tout le monde n'est pas organisé de même.

FONTELAIS.

Heureusement !

BELJAMES, avec intention.

Oui... heureusement en effet, pour certaines natures ; car dans la vie, les natures délicates, ont trop à souffrir !

FONTELAIS, à part.

Ah çà, qu'est-ce qu'il a donc !

MARTHE, voulant changer la conversation.

Cher père, est-ce que le... désastre est aussi grand que vous le dites ?

BELJAMES.

Oui ma fille... car, ce qui, pour... (avec mépris) un enfant du siècle eût été une source de fortune, a été une cause de ruine pour moi... simple et bon, comme on l'était jadis, je ne pouvais croire, moi, à la durée d'une lutte fratricide !... La lutte fratricide a continué, et, comme je jouais sur les cotons...

MARTHE.

Ah !

FONTELAIS, se lève.

Je comprends tout !...

BELJAMES.

Je jouais la baisse... et les cotons remontaient toujours !... alors, j'ai tout perdu !

FONTELAIS, allant à Beljames.

Mon Dieu ! mon Dieu ! quel malheur ! que vous n'ayiez pas suivi mon conseil !... Quand vous me parliez d'affaires de bourse, quand vous me demandiez de vous piloter pour quelques bonnes opérations, vous vous souvenez de ce que je vous ai répondu ? « Cher beau-père, » vous ai-je dit, il me semble que j'y suis encore (A Marthe.) Tu y étais... non tu n'y étais pas... mais si tu y étais. « Cher beau-père, croyez-moi !... à la Bourse, la seule bonne opération... est de ne pas jouer, attendu que. . »

BELJAMES, avec une résignation outrée.

Allez, monsieur, allez. . je dois tout entendre... et vous avez le droit de tout dire.

MARTHE, avec prière.

Paul ! mon ami.

BELJAMES.

Laisse, laisse, Marthe... J'ai mérité les reproches que m'adresse ton mari.

FONTELAIS, vivement.

Mais ce n'est pas un....

BELJAMES, l'interrompant.

Seulement!... peut-être, vu nos positions respectives, eût-il été plus généreux à lui de me les épargner.

FONTELAIS.

Ah çà, mais je...

MARTHE, à demi-voix, et mettant la main sur la bouche de son mari.

Je t'en prie!...

FONTELAIS, sur le point d'éclater.

Mon cher beau-père!... vous avez joué sur les cotons!... Vous avez bien fait. (Il remonte pour descendre à droite.)

BELJAMES, croyant lui parler, ne l'apercevant plus, se retourne et va à lui.

Ah! prenez garde, monsieur, les reproches étaient encore moins cruels qu'une semblable ironie!

FONTELAIS, à part.

Mais sacrebleu... alors, il n'y a pas moyen d'en sortir.

BELJAMES.

Du reste, rassurez-vous, mon gendre, je ne prétends pas vous faire souffrir de ma mauvaise fortune; je ne vous demanderai rien pour moi ni pour Sophie.

FONTELAIS, à part.

Qu'est-ce qu'il appelle Sophie?... Ah! ma belle-mère!

BELJAMES.

Ma courageuse compagne.

MARTHE.

Mais, papa, ce n'est pas bien ce que vous dites là.

BELJAMES, avec sévérité.

Marthe, laissez-moi parler... Non, nous ne vous demanderons rien pour nous, Sophie et moi; nous te recommanderons seulement ta jeune sœur, Marthe... Si monsieur le permet, elle sera ta demoiselle de compagnie.

MARTHE.

Blanche!... ma demoiselle de compagnie? par exemple...

BELJAMES.

Quant à nous, Sophie...

FOUTELAIS, à part.

C'est la même...

BELJAMES, qui le regardait.

Vous dites...

FONTELAIS.

Rien... je vous écoute.

BELJAMES, continuant.

Quant à nous, Sophie et moi, il nous reste heureusement quelques puissantes protections ; grâces à elles, nous pourrons obtenir, je l'espère, notre admission dans l'un de ces tristes asiles qui sont la gloire de notre pays.

MARTHE, toute en larmes.

Y pensez-vous, mon père?... Mais nous ne souffrirons pas...

BELJAMES.

Ma volonté, à cet égard, est immuable, ma fille... ni ta mère ni moi ne pourrions supporter la pensée d'être à charge à quelqu'un, et la preuve, c'est que, si nous l'avions voulu, nous pouvions trouver une généreuse hospitalité dans cette ville que nous avons quittée avec un si grand déchirement de cœur. (A Fontelais, avec amertume.) Oui, monsieur. (L'appelant.) Mon gendre.

FONTELAIS.

Beau-père!...

BELJAMES.

Là-bas, au Havre, se trouve un de ces cœurs d'élite que... un de ces cœurs d'élite qui... enfin, un ami qui aurait été heureux et fier de nous donner une place à son foyer. (Il passe à gauche.)

MARTHE, allant à lui.

Y pensez-vous, mon père ? mais votre place, celles de ma mère et de ma sœur sont au milieu de nous... vous ne devez pas avoir d'autre maison que la nôtre, et vous ne nous quitterez pas... et vous resterez ici, parce que je le veux, et parce que mon mari le veut comme moi, n'est-ce pas Paul ?

FONTELAIS, sans enthousiasme.

Certainement !

BELJAMES, après un mouvement.

Non, non, décidément je ne puis accepter... (Il remonte.)

FONTELAIS.

Pourquoi ?

BELJAMES, d'un ton douloureux, et redescendant vers Fontelais.

Eh ! mon Dieu, parce que je vois bien que nous allons vous gêner, que nous vous gênons déjà.

FONTELAIS.

Mais, cher beau-père, à quoi voyez-vous cela ?

BELJAMES, amèrement.

A quoi ? vous voulez que je vous le dise ?.. Eh bien, mon pauvre ami, un seul mot a suffi pour m'éclairer.

FONTELAIS.

Quel mot ?

BELJAMES.

Ce *certainement* tombé de vos lèvres... on sentait bien que ce *certainement* n'était que l'expression d'une froide condescendance, le soupir d'ennui de l'homme qui est obligé d'accepter une situation insupportable. (Il remonte pour prendre son chapeau que Julien a placé au fond sur une chaise.)

FONTELAIS *.

Ah ! par exemple !

MARTHE, bas.

Mon ami.

* Beljame, Marthe, Fontelais.

FONTELAIS, bas.

Je ne peux pourtant pas lui chanter ce certainement-là sur l'air de *la Favorite.*

MARTHE, ramenant son père *.

Voyons cher père !... Soyez sûr que mon mari vous aime... autant que moi.

FONTELAIS.

Plus peut-être. (Beljames hoche la tête douloureusement.)

MARTHE.

Ne parlons donc plus de cela... Il s'agit pour l'instant d'appeler bien vite auprès de nous ma mère et ma sœur pour que je puisse calmer leur chagrin et essuyer leurs larmes.

FONTELAIS, perdant patience.

Eh bien, c'est entendu, nous enverrons une dépêche... mais il est temps d'aller prendre un peu de repos, et... .

BELJAMES, naïvement.

Oh ! ce n'est pas la peine .. nous avons dormi tous les trois en chemin de fer.

FONTELAIS, ne comprenant pas.

Comment ? tous les trois ! (Il désigne Marthe, lui et Beljames.)

BELJAMES.

Non, Sophie, Blanche et moi.

FONTELAIS.

C'est une raison.

MARTHE.

Comment ? Mais ma mère et ma sœur sont donc ici ?

BELJAMES.

Sans doute... à l'hôtel du *Havre.*

MARTHE.

Elles sont à Paris ! et vous ne les avez pas amenées avec vous ?

_____
* Marthe, Beljame, Fontelais.

BELJAMES, pincé.

Je ne l'eusse point osé assurément, avant d'en avoir obtenu la permission. (Fontelais veut lui prendre son chapeau, Beljames fait des façons, enfin il cède pendant que Marthe va à la cheminée et sonne.)

MARTHE.

Ah! par exemple!... mais il faut aller les chercher, et sur-le-champ...

SCÈNE VI

LES MÊMES, BAPTISTE.

MARTHE, à Baptiste qui entre.

Baptiste, courez à l'hôtel du *Havre* avec Julien... vous direz à ma mère et à ma sœur que nous les attendons, et vous apporterez ici leurs bagages... allez vite.

BAPTISTE.

Oui, madame... (Fausse sortie)

JULIEN, dans la coulisse.

Par ici, mesdames, par ici...

BAPTISTE.

Voici ces dames. (La porte s'ouvre, madame Beljame et Blanche paraissent. Blanche entre la première et saute au cou de Marthe, Fontelais est descendu à droite, Beljame à gauche.)

MARTHE, courant à elle.

Blanche. (Blanche va à son père, puis elle aperçoit Fontelais qui lui envoie un baiser.) Ah! ma mère!... oh! que je suis heureuse!...

MADAME BELJAMES, avec des yeux levés au ciel *.

Reste là, sur mon cœur, chère petite!... ah! l'on n'a rien perdu quand on a gardé ses enfants!...

MADAME BELJAMES, à Fontelais.

Monsieur Beljames vous a tout dit, monsieur?

* Beljame, Blanche, Marthe, Mme Beljame, Fontelais.

FONTELAIS.

Oui, belle-maman.

MADAME BELJAMES, avec étonnement.

Et vous ne l'avez pas repoussé ? et vous nous accueillez quoique pauvres et nus?... Ah! monsieur !... pardonnez à mon émotion, mais je suis si touchée !... si surprise !

FONTELAIS.

Madame... (A part.) Comme c'est flatteur !...

MADAME BELJAMES, prenant Blanche par la main.

Blanche, voici l'homme généreux qui sera désormais ton seul appui sur la terre... Précipite-toi à ses pieds, mon enfant !

FONTELAIS, sautant.

Plaît-il ? (A part.) Voilà bien une autre gamme...

MADAME BELJAMES, à Blanche.

Eh bien ?

BLANCHE, éclatant de rire.

Ah ! ah! ah !... maman, est-ce que c'est sérieux ?

MADAME BELJAMES, sévèrement.

Mais, mademoiselle...

BLANCHE.

Moi, me précipiter aux pieds de Paul parce qu'il est encore riche et que nous ne le sommes plus ? il me recevrait bien !

FONTELAIS, à part.

A la bonne heure, donc.

BLANCHE.

Je vais l'embrasser de tout mon cœur... Voilà tout ce que je peux faire pour lui... (Elle saute au cou de Paul.)

FONTELAIS, la mangeant de baisers.

Chère enfant!... ma jolie petite Blanche!... (A part.) Enfin, voilà un souffle d'air pur!... il était temps !

BLANCHE, gaiment.

Embrassez-moi encore, petit frère... (Avec humilité.) La charité, s'il vous plaît! (Riant.) Il faut bien que j'apprenne à mendier, puisqu'il paraît que nous n'avons plus le sou.

BELJAMES, sévèrement.

Blanche!...

MADAME BELJAMES.

Monsieur, je vous demande grâce pour cette petite écervelée... En vérité, je ne la comprends pas... depuis quelques mois elle avait des tristresses dont nous ne pouvions deviner la cause, et voilà que tout à coup...

BLANCHE.

Que veux-tu, petite mère! je savais bien pourquoi j'étais triste... maintenant je ne sais pas trop pourquoi je suis gaie... mais je le suis et je le montre... il me semble qu'il va m'arriver quelque chose d'heureux. (Elle passe à droite.)

MADAME BELJAMES.

Soit... mais un peu plus de retenue, je vous prie... (A Fontelais.) Encore une fois, monsieur, je vous demande grâce pour elle.

BLANCHE.

Bah! bah! je n'ai pas besoin de grâce.

FONTELAIS, gaiement.

Tu as bien raison, car tu les as toutes.

BLANCHE, avec une révérence.

Merci pour le madrigal, petit frère... (Allant à sa mère) Eh bien, mère, vous voyez que notre richard n'est pas un ogre... (Madame Beljames va à son mari, qui est près de la cheminée.)

FONTELAIS.

Comment? est-ce que?...

BLANCHE.

Oui... maman avait peur de vous... je n'en ai pas peur, moi, je vous jure; mais pas du tout!

FONTELAIS.

Il ne manquerait plus que ça.

BLANCHE.

Maman ne voulait pas venir; c'est moi qui, sans rien dire, ai envoyé chercher une voiture et qui ai fait mettre dessus, tous les débris de notre fortune... (En riant à Marthe.) Ah! j'ai été joliment grondée tout le long de la route, va.

MARTHE, entourant Blanche de ses bras.

Pauvre petite sœur!...

BLANCHE, riant.

Oh! tout à fait pauvre, mon Dieu oui... nous voilà sans feux ni lieux; sans abri et sans pain!... je trouve ça amusant... moi, d'abord, c'est que, comme je n'ai plus de dot, si on m'aime jamais, je serai bien sûre que l'on m'aimera pour moi-même.

MADAME BELJAMES.

En vérité, monsieur, je suis honteuse!...

FONTELAIS.

Eh bien, il n'y a pas de quoi, je vous assure!... (A part.) Elle est stupide, ma belle-mère.

BLANCHE, courant çà et là.

C'est très-gentil ici... où est ma chambre?

MARTHE.

On va te la préparer... (Elle sonne.)

BLANCHE.

D'abord, je veux dedans des fleurs et des oiseaux.

FONTELAIS.

Il y aura de tout.

MADAME BELJAMES, gravement.

Assez de badinage, Blanche; monsieur consentira, je l'espère, à vous admettre à son foyer, mais à la condition que vous saurez vous tenir à l'humble place que...

2

BLANCHE, riant.

Ah! ah! ah! chère petite mère, est-ce que tu vas recommencer ? l'humble place?... Tiens, voilà l'humble place que je prends tout d'abord. (Elle se jette dans le fauteuil qui est près de la table.) Car je meurs de faim et de soif! et c'est monsieur le millionnaire qui me servira encore!...

FONTELAIS, allant à la cheminée et sonnant.

Certainement... et de grand cœur!... (Suzanne vient d'entrer.) Et Suzanne m'aidera... (Suzanne se met en devoir de servir Blanche ; madame Beljames s'est assise dans le canapé ; Beljames est derrière elle.)

BLANCHE, attablée.

Viens donc, maman... tu dois avoir besoin aussi de prendre quelque chose.

MADAME BELJAMES.

Mon enfant, quand on est chez les autres, on doit se conformer à la règle de la maison... J'attendrai l'heure du déjeuner.

BLANCHE.

Mais c'est toujours l'heure quand on a faim .. Tiens, tu es servie, viens.

MADAME BELJAMES.

Non... te dis-je... d'ailleurs, tu le sais? mes étourdissements ne me permettent pas de m'approcher du feu.

BLANCHE.

Ah! c'est vrai... Eh bien, Suzanne te servira là-bas.

MADAME BELJAMES.

Laissez mademoiselle Suzanne... je ne veux déranger personne... on ne doit plus accepter de service, quand on n'est plus en position de les reconnaître. (Mouvement de Fontelais.)

MARTHE.

Laisse, Suzanne... je servirai ma mère... (Suzanne sort.)

BELJAMES, à sa femme.

Mon Dieu! Sophie, comme vous êtes rouge. Il fait trop chaud ici pour vous, peut-être.

MADAME BELJAMES.

Un peu, en effet, mon ami ; mais c'est égal.

BELJAMES.

Mais pas du tout... (Il va ouvrir la fenêtre ; Fontelais, qui est occupé à servir Blanche, réprime un frissonnement ; à Fontelais.) Mon gendre, vous permettez?...

FONTELAIS, étonné.

Plaît-il?

MADAME BELJAMES, à son mari.

Mon ami, laissez ; cette fenêtre ouverte pourrait incommoder quelqu'un.

MARTHE, vivement.

Mais non... n'est-ce pas, Paul?

FONTELAIS.

Comment donc ? mais au contraire... (A demi-voix.) On arrosera même, s'ils le veulent. (Marthe prend une assiette et une fourchette, et, allant à sa mère.) Tenez, maman.

FONTELAIS, s'élançant vers sa femme et à demi-voix en la faisant passer à gauche.

Ah! mais par exemple, j'espère que tu ne vas pas rester près de la fenêtre dans ce costume-là, toi...

BELJAMES, pincé.

Ne la grondez pas, monsieur... une fille n'est pas humiliée pour servir sa mère.

FONTELAIS.

Ce n'est pas une humiliation que je crains pour elle, cher beau-père : c'est une fluxion de poitrine.

BELJAMES.

Vous ne la craigniez pas, monsieur, quand vous sortiez du bal à cinq heures du matin.

FONTELAIS, éclatant.

C'est qu'en sortant de ce bal, ma femme avait sur les épaules le manteau que voici... (il fait tout ce qu'il dit), et sur la tête, le capuchon que voilà... (même jeu) et que moi, j'avais un chapeau, un paletot et un cache-nez, là... (Fourrant ses mains dans ses poches.) Maintenant, nous pouvons descendre dans la cour, si vous voulez.

BELJAMES, douloureusement.

Ah ! vous êtes déjà bien dur, mon gendre. .

MARTHE, bas, à Fontelais.

Ne sois donc pas méchant comme ça...

FONTELAIS, à part.

Allons... bon... j'ai tort !

MADAME BELJAMES, fermant la fenêtre, et à Fontelais.

Ah ! les vieilles gens sont bien incommodes, n'est-ce pas, monsieur ?

FONTELAIS.

Non, non, belle-maman, mais...

MADAME BELJAMES, avec onction.

Oh! ce n'est pas un reproche que je vous adresse; monsieur ; vous étiez heureux, tranquille, et nous apportons dans votre maison le spectacle de nos tristesses, c'est nous qui sommes coupables. Les déshérités doivent vivre seuls.

MARTHE, la consolant.

Maman!... maman...

MADAME BELJAMES, à son mari.

Tu vois, pauvre ami, où nous a conduits ton ambition !

FONTELAIS.

Mais, madame, il ne s'agit pas de cela.

BELJAMES, avec douleur.

Oui! oui, ici je le vois bien, grâce à mon mauvais caractère...
peut-être, la vie serait trop difficile... surtout pour celui des deux
qui dépendrait de l'autre... Laissez-nous donc partir, vous dis-je...
nous trouverons un petit coin bien modeste, dans quelque pauvre
quartier.

FONTELAIS.

Mais il n'y en a plus.

BELJAMES.

Oh! dans quelque faubourg éloigné...

MADAME BELJAMES.

Oh! pas trop éloigné, cependant... car je ne pourrais plus vivre
maintenant sans les voir... elles. (Elle presse ses filles dans ses bras.)

BELJAMES.

Madame Beljames, nous ferons comme nous pourrons...

FONTELAIS, poussé par sa femme.

Mais...

BELJAMES, avec un triste sourire.

Oh! quoique séparés, nous n'en serons pas moins bons amis?..
au contraire... Je pars, sachez-le bien; sans une arrière-pensée!...
je n'ai plus le droit d'avoir de l'orgueil... et.., la preuve, c'est que
ma femme et moi nous accepterons de vous... un morceau de pain.

MARTHE.

Oh!

FONTELAIS, ému.

Cher beau-père!... qu'est-ce que vous dites donc là? un morceau de pain?... mais c'est-à-dire que la moitié de ce que nous
possédons est à vous...

BELJAMES.

Oh! il nous faut peu de chose, maintenant.

_____

* Marthe, Fontelais, Beljames, madame Beljames, Blanche.

2.

MADAME BELJAMES.

A notre âge!

FONTELAIS, allant entre monsieur et madame Beljames.

Allons, vous restez ici, c'est entendu !

BELJAMES.

Mais...

FONTELAIS, gaiement.

Un mot de plus, et j'envoie chercher la garde! vous allez vous installer tous les trois avec l'aide de Julien et de Suzanne. (Allant à Marthe.) Et Marthe ira dormir un peu sur ses deux jolies oreilles...

MARTHE.

Oh! maintenant, pourquoi ?

FONTELAIS.

Parce que je n'ai pas envie que tu sois malade demain.

MARTHE, bas.

Oh! tu as été bon pour eux, et je t'aime! (Elle l'embrasse.)

FONTELAIS, à part.

C'est égal; j'aurais peut-être mieux fait de leur louer un petit entre-sol, rue de Rivoli.

BELJAMES, à part.

Allons! voilà les mauvais jours qui commencent.

BAPTISTE, entrant.

Monsieur, ce sont deux cartes...

FONTELAIS, à part.

Encore? mais le jour de l'an est passé cependant.

BAPTISTE.

Pour M. Beljames. (Après avoir remis les cartes à Beljames, il va au guéridon, et met tout sur le plateau.)

BELJAMES.

Pour moi?... (Lisant.) Moutonnet!... Onésyme !

BLANCHE, à part.

Onésyme! le grand dadais qu'on veut me faire épouser? Je suis perdue !

FONTELAIS.

La famille Moutonnet! il ne manquait plus que ça.

BELJAMES, très-ému.

Moutonnet ici ?... quel bonheur!... (A Baptiste.) Faites en... (S'arrêtant.) Non... (A Fontelais.) Pardon! (A Baptiste.) Priez ces deux messieurs d'aller m'attendre au café le plus voisin. (Baptiste va pour sortir avec le plateau.)

MARTHE, retenant Baptiste du geste.

Attendez! (A Beljames.) Au café? mais, papa, recevez donc ces messieurs ici.

BELJAMES.

Non... non... cela pourrait déplaire à ton mari.

MARTHE.

Mais non... (à Fontelais) n'est-ce pas, Paul?

FONTELAIS.

Comment donc? mais au contraire... (A Baptiste.) Faites entrer. (Baptiste sort. Haut.) Je serai enchanté de voir M. Moutonnet, madame Moutonnet...

BELJAMES.

Mon ami est veuf, monsieur.

FONTELAIS.

Ah! tant pis...

BELJAMES, humble.

Ils m'aiment, monsieur, ne vous moquez pas trop d'eux...

SCÈNE VII

LES MÊMES, MOUTONNET, ONÉSYME.

MOUTONNET, courant à Beljames.

Ah! le voilà!

BELJAMES, le serrant dans ses bras.

Moutonnet!...

ONÉSYME. à son tour.

Monsieur !

MOUTONNET, à madame Beljames.

Chère madame!...

ONÉSYME, à Blanche.

Chère mademoiselle!...

BLANCHE.

Pardon!...

MOUTONNET, à Beljames.

Encore!...

ONÉSYME, à madame Beljames.

Encore!

MADAME MOUTONNET.

Cher enfant !

ONÉSYME.

Ah! papa! je suis bien ému!

MOUTONNET.

Moi aussi, mon fils. (Tous se mouchent ou s'essuient les yeux.)

FONTELAIS, à part.

Ça se meuble.

MOUTONNET, à Fontelais et à Marthe.

Oh! mais pardon! (à Beljames) mon ami... il serait peut-être convenable que tu me présentes...

BELJAMES.

Hein? ah! oui... mon gendre, Marthe, M. Moutonnet, du Havre.

FONTELAIS.

Le cœur d'élite!

MOUTONNET.

C'est moi-même... (S'avançant.) Monsieur, madame!... je ne sais comment m'excuser de venir ainsi.... et à une pareille heure! mais je mourais du désir de les embrasser!...

ONÉSYME.

Moi aussi, monsieur!...

FONTELAIS.

Eh bien, embrassez jeune homme!... embrassez...

ONÉSYME.

Oh! oui.

MOUTONNET.

Tiens toi, Onésyme. (Beljames a avancé une chaise pour Moutonnet; Blanche est descendue à gauche près de Fontelais et de Marthe. Madame Beljames et son mari s'asseyent sur le canapé et invitent Moutonnet à s'asseoir; Fontelais et Marthe vont pour avancer leurs chaises près de Moutonnet, celui-ci leur tourne le dos; Montonnet, Beljames, madame Beljames, et Onésyme qui se tient debout près de Beljames, forment groupe à droite; Fontelais qui a vu le mouvement de Moutonnet, prend son parti et s'assied à gauche près du guéridon; Marthe s'assied près de lui et, pendant la scène suivante, cherche à calmer Fontelais, qui donne des marques d'impatience. Blanche, debout, est près de Fontelais.)

FONTELAIS.

J'aime les gens qui se mettent à leur aise.

BELJAMES.

Ce cher Moutonnet! comment donc as-tu appris?

MOUTONNET.

C'est bien simple. Onésyme et moi, tu le sais, nous étions venus à Paris pour quelques acquisitions de première nécessité.

ONÉSYME.

Des produits chimiques. (Au public.) Papa est pharmacien.

MOUTONNET, après avoir salué

N'interromps pas, Onésyme. (Reprenant.) De première nécessité. Nos achats terminés, nous nous disposions à reprendre l'express...

ONÉSYME, à Blanche.

Pour retourner plus vite auprès de vous.

FONTELAIS.

Blanche... (Il lui montre Onésyme qui lui a parlé et qui fait un pas vers elle. Blanche fait un mouvement de mauvaise humeur.)

MOUTONNET.

N'interromps pas, Onésyme. (Reprenant). L'express... quand je reçois de mon premier garçon un télégramme ainsi conçu : « Beljames, cotons, Potomac, patatras... rincé comme verre à bière... fllé... Paris. » Je comprends tout !

ONÉSYME.

Moi aussi !

MOUTONNET.

Onésyme aussi ; nous tombons en pleurant dans les bras l'un de l'autre.

ONÉSYME.

Pendant qu'on va chercher le fiacre.

MOUTONNET,

Et nous courons à l'hôtel dans lequel vous descendez d'ordinaire. Là, on nous apprend que ces dames viennent de partir pour la rue d'Amsterdam : à cette nouvelle, la joie m'inonde...

ONÉSYME,

Moi aussi !

MOUTONNET.

Onésyme aussi... nous dévorons l'espace.

ONÉSYME.

Moi aussi...

MOUTONNET, avec un redoublement de sensibilité.

Et... et... (L'étreignant de nouveau.) Ingrat ! cruel ami !

FONTELAIS à part.

Ah ! je regrette l'entre-sol.

MOUTONNET.

Tu es ruiné, et, au lieu de venir frapper à ma porte, tu pars, tu t'exiles... mais tu n'as donc pas songé à notre douleur ?

FONTELAIS, à part.

Ce sont de jolis bonbons, c'est dommage qu'ils fondent.

ONÉSYME, allant à Blanche.

Vous avez donc oublié, mademoiselle, que, pour moi, ne plus vous voir, c'est mourir ! (Il veut lui prendre la main.)

BLANCHE, avec humeur.

Monsieur !

MOUTONNET.

Mais je te tiens... et je ne te lâche plus !

BELJAMES, ému.

Brave ami !

MOUTONNET.

Vous allez revenir tous trois au Havre... notre maison sera votre maison.

ONÉSYME, s'adressant à Blanche.

Notre famille sera la vôtre... (Blanche lui tourne le dos ; Onésyme remonte au fond pour redescendre avec une chaise.)

MARTHE, se lève.

Ah ! pardon, monsieur. (Moutonnet se lève et cède sa place à Marthe qui s'assied... Montonnet reprend celle de Marthe.

MARTHE.

Mais quels que puissent être les droits d'un ami, je pense que ceux d'une fille...

MOUTONNET.

Comment ?

MARTHE.

Nous gardons mon père, ma mère et ma sœur, monsieur.

ONÉSYME, qui descendait avec sa chaise, et l'élevant en l'air.

Ciel !

MOUTONNET.

Tiens-toi Onésyme... (A Beljames.) Ainsi, tu restes ?

BELJAMES.

Oui, mon ami... J'ai dû consentir à demeurer chez mon gendre.

MOUTONNET.

Tu as eu tort, mon ami.

FONTELAIS.

Tort ?

MOUTONNET.

Il va vous gêner, monsieur. (A Beljames.) Tu vas gêner ton gendre et ta fille... Tu ne pourras partager les plaisirs de tes enfants, et tu les entraveras au contraire.

BELJAMES.

Aussi ne voulais-je pas...

FONTELAIS, à part.

Il a du bon le...

MOUTONNET, à Fontelais.

Laissez-les partir ; allez, monsieur.

FONTELAIS, regardant sa femme du coin de l'œil

Mais...

MARTHE.

Mais non ; cela ne se peut pas.

MOUTONNET.

C'est le monde qui vous retient peut-être ? Eh bien tenez, je dirai que c'est moi qui les ai emmenés de force et malgré vous. Pour des amis on peut bien faire un petit mensonge.

MARTHE.

Mais cela n'est pas nécessaire, monsieur, n'est-ce pas Paul ?

FONTELAIS.

Certaine... (s'arrêtant sur un coup d'œil que lui lance Beljames.) Ah ! non, diable pas ce mot-là.

MARTHE, riant, à Moutonnet.

Vous aurez beau faire monsieur leur ami... nous les gardons.

MOUTONNET.

Vous vous en repentirez, madame... le cher papa a le caractère... difficile aujourd'hui.

BELJAMES.

Moutonnet !

MOUTONNET.

Oui, oui.

FONTELAIS, à Moutonnet.

C'est étonnant... ça ne se voit pas.

MOUTONNET, continuant.

Je le connais bien, moi. (Gaiement à Marthe.) Je vous assure que nous sommes insupportables tous les deux, ne nous séparez donc pas...

FONTELAIS, à part.

Il a du bon !

MOUTONNET.

Allons ! c'est convenu.

MARTHE.

Mais non, monsieur, mais non.

3

FONTELAIS, à part.

Ça ne prend pas.

MARTHE, se lève et va à son père.

Mais, papa, dites donc à monsieur que vous restez de votre plein gré.

BELJAMES.

Mais, Marthe, du moment que je ne proteste pas ?

MOUTONNET.

Mon ami, tu sais, tu es le maître... mais prends-y garde, toi aussi. Il vaut mieux quelquefois avoir des obligations à des étrangers que...

FONTELAIS, se lève.

Ah! prenez garde, monsieur Moutonnet, mais vous pourriez aller trop loin !...

MOUTONNET, se lève.

Oh! pardonnez-moi, cher monsieur! mais la pensée de les quitter, j'étais si heureux !... ma femme est morte... et j'avais retrouvé une famille !... enfin!... je resterai quelques jours ici... pendant ce temps, me permettrez-vous, monsieur, alors que cela gênera le moins, de venir leur serrer la main ?

ONÉSYME.

Oh! oui, monsieur.

FONTELAIS.

Vous n'en doutez pas, monsieur.

MOUTONNET.

Non... non... ah, mais, c'est égal ! ce ne sera pas comme autrefois, où à chaque heure !... à chaque minute !... (Il s'essuie les yeux ; même jeu d'Onésyme, de Beljames et de sa femme.)

BELJAMES.

Mon ami...

MADAME BELJAMES.

Vous nous déchirez le cœur. (Elle fait un signe à Marthe, qui regarde tour à tour Fontelais et sa mère.)

MARTHE.

Mon Dieu, papa, mais s'il en est ainsi, on pourrait... l'hôtel est grand...

FONTELAIS, à part.

Qu'est-ce qu'elle dit?

MARTHE, désignant Moutonnet.

Et pendant les quelques jours que monsieur doit passer à...

MOUTONNET, vivement.

Ah! madame, je suis confus. J'accepte!...

ONÉSYME.

Moi aussi...

FONTELAIS, bas à Marthe.

Mais en vérité, tu es folle!

MARTHE, de même.

Oh! ils sont si malheureux!... (Fontelais hausse les épaules.) Allons! voilà qui est arrangé... (Elle fait signe à Blanche de sonner.) Papa et maman prendront l'appartement de Paul... (A Moutonnet.) Vous, monsieur, vous occuperez avec M. Onésyme l'appartement du second, et quant à toi, Blanche, eh bien, on te dressera un lit dans ma chambre.

FONTELAIS, à part.

Ah bah?

BLANCHE.

C'est cela... un petit lit blanc à côté du tien, comme autrefois.

MADAME BELJAMES, à Marthe.

Chère enfant, cela te rappellera l'heureux temps où tu étais jeune fille.

FONTELAIS, à part.

Comment? l'heureux temps l est-ce qu'elle s'imagine que je bats ma femme ?

BELJAMES, bas, à Moutonnet.

Mon pauvre ami, tu vas être bien gêné ici.

MOUTONNET.

Ah! dame, il est certain que j'eusse été plus commodément à l'hôtel, enfin! (Ils se serrent la main)

MARTHE, aux domestiques qui entrent.

Baptiste, montrez à ces messieurs l'appartement du second, et veillez à ce qu'il ne leur manque rien.

MOUTONNET, à Beljamès.

A tantôt. (A Baptiste.) Je vous suis, mon ami.

ONÉSYME.

Moi aussi. (Saluant Blanche et Marthe.) Madame, mademoiselle. (Moutonnet, Onésyme et Baptiste sortent par le fond.)

MARTHE.

Suzanne, conduis papa et maman dans l'appartement de M. Fontelais... (Madame Beljames embrasse Marthe, Suzanne ; madame Beljames et Beljames sortent par la gauche.)

BLANCHE, à Marthe.

Viens vite. — Oh! comme nous jacasserons, dans nos lits de pensionnaires. (Elles entrent à droite, Fontelais reste seul avec Julien.)

FONTELAIS, qui a regardé sortir les autres.

Eh bien?... eh bien !... et moi?... Où coucherai-je, ce soir?

JULIEN, qui rangeait les chaises et fauteuils, s'arrêtant.

Ah l dame, monsieur, madame a distribué tout l'hôtel ; il ne reste plus que la chambre de Suzanne, celle de Baptiste ou la mienne, et... si monsieur l'exige?...

FONTELAIS.

C'est bon! donne-moi mon chapeau, mon paletot. (Endossant son paletot et mettant son chapeau.) J'ai un de mes collègues qui vient d'épouser une orpheline ; il y a des gens qui ont toujours eu de la chance! (A Julien.) Ne ris pas, toi, imbécile. Allons, je vais retenir une chambre... s'il m'arrive des lettres ce soir, tu me les enverras demain matin...

JULIEN.

Où cela, monsieur ?

FONTELAIS.

Hôtel de Bade! (Sur le seuil de la porte, se retournant.) Ne ris pas, imbécile! (Il sort brusquement ; Julien tombe dans un fauteuil en éclatant de rire.)

ACTE DEUXIÈME

Même décor, un fauteuil est placé devant la cheminée, deux chaises et le pouff.

SCÈNE PREMIÈRE

FONTELAIS, seul, puis GERVAIS.

Au lever du rideau, on entend la voix de Fontelais qui appelle.

FONTELAIS.

Baptiste? Julien?... (Entrant.) Personne?... (Allant ouvrir la porte de droite.) Julien, Suzanne? (Même jeu, à celle de gauche.) Suzanne? Baptiste? (Il revient en scène et se trouve en face de Gervais qui entre du fond *.) Ah! enfin!... Tiens, c'est vous, Gervais?

GERVAIS, saluant.

J'ai vu rentrer monsieur, et je viens voir si monsieur a besoin de moi...

FONTELAIS, passant à gauche.

Qu'est-ce que cela veut dire?... Mais votre place est en bas, monsieur Gervais.

GERVAIS, saluant.

Comme suisse de l'hôtel?... monsieur a raison... mais comme je savais que tout le monde est sorti...

---

* Gervais, Fontelais.

FONTELAIS.

Comment ? tout le monde ?

GERVAIS, saluant.

Oui monsieur... Madame est allée à Notre-Dame-de-Lorette, avec madame sa mère, et mademoiselle sa sœur, comme elle en a l'habitude chaque matin.

FONTELAIS.

Et Suzanne?

GERVAIS.

Suzanne a reçu l'ordre d'accompagner ces dames.

FONTELAIS.

Eh bien ?... et Julien?

GERVAIS.

M. Beljames l'a envoyé en course.

FONTELAIS, après un mouvement d'impatience.

Mais... alors, Thibaut; Thibaut qui m'accompagne au bois ordinairement ?

GERVAIS.

Monsieur ignore donc?...

FONTELAIS.

Quoi?

GERVAIS.

Mais, Thibaut n'est plus au service de monsieur.

FONTELAIS.

Et depuis quand?

GERVAIS.

Depuis hier soir. . madame Beljames a fait comprendre, à ce qu'il paraît, à madame Fontelais, que monsieur avait un trop nombreux domestique.

FONTELAIS, stupéfait.

Ah? (Il passe à droite.)

GERVAIS.

Même que madame la belle-mère de monsieur, disait comme cela, il y a quelques jours à l'office, qu'il était bien heureux qu'elle fût venue céans pour mettre, enfin, un peu d'ordre dans la maison de monsieur.

FONTELAIS, sautant.

Hein ?

GERVAIS, s'inclinant.

J'aurai l'honneur de dire à monsieur que je ne fais que répéter ce que j'ai entendu.

FONTELAIS, se contenant.

C'est bien... (Il a interrogé sa montre.) Allons, bon ! voilà ma montre qui est arrêtée... (Allant à la cheminée.) Eh bien, comment, cette pendule aussi?... L'horloger n'est donc pas venu hier ?

GERVAIS, saluant.

Il ne doit plus venir, monsieur; madame la belle-mère de monsieur a dit que c'était une dépense inutile, et qu'à l'avenir, elle monterait toutes les pendules elle-même.

FONTELAIS, même jeu.

En vérité ?

GERVAIS, tirant sa montre.

Mais je puis dire à monsieur... il est onze heures moins cinq à la Bourse.

FONTELAIS.

Et il faut que j'y sois à midi. Il m'est impossible d'attendre ces dames. Dites à Fanchette qu'elle serve.

GERVAIS.

Fanchette est sortie pour le dîner, monsieur.

FONTELAIS.

Eh bien, et le déjeuner ? (Il s'installe devant le fauteuil placé devant la cheminée, Gervais lui retire son paletot.)

GERVAIS, saluant.

Il paraît que la belle-mère de monsieur a déjeuné d'une tasse
de chocolat ainsi que ces dames, et qu'elles se mettront désormais
à ce régime-là...

FONTELAIS, dont la colère augmente, et se l vant :

Ah! c'est trop fort! je déjeunerai dehors. (A Gervais.) Dites à Jean
d'atteler.

GERVAIS, saluant.

Jean n'y est pas, monsieur; il a emmené le beau-père de monsieur, avec le coupé, à sept heures du matin, et j'ai entendu le
beau-père de monsieur qui a crié à Jean: « Au grand Montrouge. »

FONTELAIS, à part.

Au grand Montrouge ?

GERVAIS.

Si monsieur le désire, j'arrêterai au passage une voiture pour
monsieur.

FONTELAIS, ahuri.

Oui... non... c'est-à-dire... allez au diable!...

GERVAIS, saluant, à part, en sortant.

La belle-mère de monsieur a raison; il devient d'un caractère
impossible. (Il sort.)

SCÈNE II

FONTELAIS, un instant seul, puis RENÉ DE NORGUET.

FONTELAIS, laissant enfin éclater sa colère.

Ah çà, mais, sacrebleu! ces gens-là sont enragés!... Je suis en
enfer ici!... je cuis à petits feux!... et je n'ai pas même le droit de
crier?... mais c'est inouï! révoltant! intolérable! Il faut, qu'avant
huit jours, le cher beau-père soit chez lui, et dès que j'aurai la ré-
ponse des propriétaires de la rue Léonie...

3.

GERVAIS, annonçant.

M. René de Norguet !

FONTELAIS, surpris.

René !

RENÉ *.

Merci ! merci ! (Il entre comme une avalanche ; Gervais s'en va.)

FONTELAIS, lui prenant la main.

C'est toi !... toi que je n'ai pas vu depuis six mois...

RENÉ, de même.

Oui, plus ou moins, je ne sais pas... mais...

FONTELAIS.

Ah bien, tu arrives à propos... j'en ai à te dire, va...

RENÉ, fiévreusement.

Et moi donc !... mais un mot d'abord ?... quelle est cette jeune fille que je viens de rencontrer sur les marches de Notre Dame-de-Lorette, en compagnie de ta femme et d'une respectable dame chargée de marabouts ? Vite, réponds... il y va de ma vie !

FONTELAIS.

Ah ! mon Dieu !...

RENÉ.

Mais réponds donc, malheureux, puisque je te dis que tu me fais mourir... Quelle est cette jeune fille... cette merveille... cette adoration ?...

FONTELAIS, ahuri.

Eh bien ? .. quoi ?... cette adoration, c'est mademoiselle Blanche Beljames parbleu !... ma belle-sœur !

RENÉ, sautant à son cou.

Ta belle-sœur !... c'est ta belle-sœur ?... ah ! mon ami ! que je suis heureux !... il faut que je l'embrasse ! (Il passe à droite.)

_____

* René, Fontelais.

FONTELAIS, se dégageant.

Voyons ! es-tu fou ?

RENÉ.

Oui, oui... je suis fou !... fou d'amour pour elle !... pour mademoiselle Blanche !... (Avec passion.) Blanche !... quel doux nom !...
(Avec joie.) Je l'ai retrouvée ! enfin ! je l'ai retrouvée ! (Il tombe épuisé
dans le canapé.)

FONTELAIS, s'asseyant sur une chaise.

Mais que diable ! au moins explique-moi...

RENÉ, se relevant d'un bond.

Ah ! mon ami ! c'est tout un roman ! un roman maritime ébau-
ché l'été dernier, au Havre, la veille des régates, sur le bateau
d'Honfleur !... Ma chère petite Blanche !... tu ne sais pas que voilà
cinq mois que je la cherche !... (Dramatiquement.) Et... vois-tu, je
m'étais donné encore un mois pour la trouver, et, passé ce délai...

FONTELAIS.

Tu te serais donné six mois de plus ?

— RENÉ.

C'est bien possible !

FONTELAIS.

Mais avec tout cela, tu ne me dis pas...

RENÉ.

Écoute donc, et pardonne, car je fus bien coupable.

FONTELAIS, effrayé.

Qu'entends-tu par là, malheureux ?

RENÉ.

Tu vas voir... tu sauras d'abord que le jour de la traversée en
question, la mer qui ne valait pas grand chose au départ, était
devenue tout de suite d'un commerce absolument impossible... une
vraie danse de Saint-Guy !...

FONTELAIS.

Passons les images.

RENÉ.

L'entre-pont étant trop encombré, nous avions dû rester sur le tillac, comme on disait jadis... mademoiselle Blanche faisait contre fortune... bon cœur ; mais un vieux monsieur, son père sans doute... payait en honnête homme, la dette de sa fille et la sienne... Aux premières atteintes du mal, le vieux monsieur s'était écarté discrètement sans que mademoiselle Blanche s'en aperçût d'abord... en remarquant enfin l'absence de son père, elle pousse un cri !... Sa première pensée est que l'auteur de ses jours a fait un plongeon involontaire... Je m'empresse de la rassurer en dissimulant de mon mieux le grotesque de la situation... elle comprend néanmoins et veut s'élancer ! mais son petit pied n'étant pas marin le moins du monde, elle chancelle et... tombe fort heureusement... dans mes bras.

FONTELAIS.

Diable !...

RENÉ.

Elle veut se dégager, mais un nouveau coup de mer jette précisément son charmant visage contre le mien ; et... dans mon trouble...

FONTELAIS.

Eh bien ?

RENÉ.

Eh bien... envoie-moi les témoins si tu veux, mais dans mon trouble... je l'embrasse....

FONTELAIS.

Ah ! René !

RENÉ.

Que veux-tu ? La mer était si mauvaise !... La pauvre enfant rougit, laisse tomber de ses lèvres un petit : *Ah ! monsieur !* plein de courroux, et veut fuir encore, mais je résiste ! car il y va de sa vie !... le vent l'enlèverait comme une plume de colibri !... Alors, la chère innocente, comprenant sans doute le double danger de la situation, mais trop faible pour échapper à l'un, et sans courage peut-être pour braver l'autre, la chère innocente se prend à pleurer. (Avec passion.) Oui, elle pleurait tout en s'accrochant instinctivement à moi, sa charmante tête renversée malgré elle sur mon épaule !

FONTELAIS.

Enfin ! enfin !...

RENÉ, tristement.

Enfin !... à partir de ce moment-là, le malin esprit ne cessa plus de se mêler de mes affaires, comme tu vas voir... La mer s'est calmée, le père est revenu, il est même très-pâle... après deux heures d'une sarabande enragée, nous avons pu enfin atteindre le port et nous débarquons... suis-moi bien ..

FONTELAIS.

Marche vite, alors.

RENÉ.

Mademoiselle Blanche et son père descendent à l'hôtel du *Cheval blanc;* j'y entre sur leurs pas ; ils déjeunent dans la salle commune, j'y déjeune aussi... Ils sortent, je sors, ils montent à la côte de Grâce ? je...

FONTELAIS.

Mais sacrebleu !... nous pouvons en avoir pour toute la nuit comme ça... Pour Dieu! arrive au dénoûment.

RENÉ, soupirant.

Ah! le dénoûment, il a été joliment bête, va... Sais-tu ce qui m'est arrivé ? Eh bien, après avoir passé la moitié de la nuit à regarder les fenêtres de Blanche, je me suis jeté tout habillé sur mon lit, je me suis endormi profondément, et... j'ai laissé partir le bateau.

FONTELAIS, éclatant de rire.

Ah! ah! ah! ce pauvre René !...

RENÉ, avec rage.

Oh! quand je pense à ça?... vois-tu? Je vivrais cent ans que... Ainsi, je me souviens qu'à un certain moment, et comme j'étais dans cet état qui n'est plus tout à fait le rêve et qui n'est pas encore le sommeil, j'entendais : Drelin! drelin! drelin!... et je me disais : Tiens, je rêve que j'entends une cloche... quelque temps après : Drelin! drelin! drelin! et toujours en moi-même je répétais : encore la cloche?... que diable ça peut-il donc être que cette cloche-là?... Puis, tout à coup, je ressens comme une commotion dans le cerveau, et je comprends tout!... alors, je saute à bas de mon lit, je cours à ma fenêtre... le bateau levait l'ancre!... et j'aperçois ma jolie Blanche tout debout près de son père, et les regards fixés sur les fenêtres de l'hôtel!... Nos yeux se rencontrent et, dans les siens, je lis encore un reproche, mais un reproche doux et triste cette fois!... Je pousse un cri!... j'enfonce ma porte d'un coup de pied, je dégringole les escaliers nu-tête, sans cravate, je m'élance au dehors poursuivi par les garçons de l'hôtel, j'arrive au bord du quai, le bateau commençait à s'éloigner... je crie! j'appelle! il ne s'arrête pas, au contraire! alors, ma foi! Je perds la tête, et v'lan, j'en pique une dans le bassin.

FONTELAIS.

Imprudent!...

RENÉ.

Je crois bien, je ne sais pas nager...

FONTELAIS.

Grand Dieu !

RENÉ, lui serrant les mains.

Mais tu vois bien que je ne me suis pas noyé... ah! il est vrai que je ne me suis pas repêché moi-même.

FONTELAIS.

Ah! fou !... triple fou !...

RENÉ.

Bref, depuis cinq mois, je courais après Blanche, c'est-à-dire après mon repos, après mon bonheur, après ma vie, après mon âme, et ce n'est que tout à l'heure que j'ai tout rattrapé !

FONTELAIS, riant.

Ah ! grand insensé ! tu es bien toujours le même.

RENÉ.

Toujours le même, dis-tu ? mais c'est-à-dire, au contraire, que je ne me reconnais plus ; c'est-à-dire que, pour moi, maintenant tout est changé ; j'étais aimé, j'aime !....

FONTELAIS.

Enfin... tu es plus content, tant mieux ! cela me console un peu de mes ennuis.

RENÉ, allant s'asseoir devant la cheminée.

Eh quoi, tu as des ennuis ? Ah mon pauvre Paul !... moi qui voudrais tant que tout ce qui m'entoure fût heureux !...

FONTELAIS, s'asseyant derrière René.

Eh bien, mon brave René, il s'en faut bien que...

RENÉ, sans l'écouter.

C'est vrai cela... l'amour rend meilleur.

FONTELAIS.

Figure-toi...

RENÉ, de même.

Il fait aimer le monde entier.

FONTELAIS.

Figure-toi que mon beau-père s'est ruiné en jouant sur les cotons, et...

RENÉ, joyeux.

Il est ruiné dis-tu ?... oh ! mais alors, il ne pourra pas refuser sa fille à un homme qui vaut quatre-vingt mille livres de rente, comme disent les Américains.

FONTELAIS.

Oui... il est ruiné ; mais ce qu'il y a de bon, c'est que c'est moi qui souffre de...

RENÉ, de même.

Chère Blanche ! Elle me devra tout !

FONTELAIS.

Sous prétexte qu'il a besoin de moi, je n'ai plus. le droit de dire un mot, de faire la moindre observation...

RENÉ, de même.

Pauvre cher homme !...

FONTELAIS.

Ainsi, M. et madame Beljames ont pris le meilleur appartement.

RENÉ.

Tiens, je les conduirai dans un petit domaine que j'ai du côté de Montbazon.

FONTELAIS.

Et ils ont installé ici, deux espèces d'idiots... Quant à ma belle-mère, elle taille, elle rogne... elle renvoie nos gens, elle me fait faire maigre .. Tiens, aujourd'hui elle m'a fait jeûner.

RENÉ, de même.

C'est drôle ! elle ne ressemble pas du tout à sa fille !

FONTELAIS.

Madame Beljames accapare ma femme pendant le jour, elle l'accapare encore pendant la nuit... Est-ce que tu ne trouves pas que je suis bien loti, toi ?

RENÉ, de même.

Moi, mon ami ?... ah ! je les aime déjà tous les deux.

FONTELAIS, se lève.

Qu'est-ce que tu me chantes ? c'est comme cela que tu m'écoutes ?

RENÉ.

Mais je t'écoute parfaitement.

FONTELAIS.

Comment donc?... Tiens tu es aussi personnel que mon beau-père et ma belle-mère; et, puisqu'il en est ainsi, je finirai par vous envoyer tous au diable...

RENÉ, se levant et allant à lui.

Les envoyer au diable? ne fais pas cela, malheureux!

FONTELAIS.

Eh bien? pourquoi donc?

RENÉ.

Comment? pourquoi? mais parce que je suis ton ami, et que si tu fermes ta porte à ton beau-père, ton beau-père me fermera la sienne, et que Blanche sera encore une fois perdue pour...

FONTELAIS.

Mais, fichu égoïste! tu vois bien que tu ne penses qu'à toi.

RENÉ.

Comment! mais je pense aussi à Blanche.

FONTELAIS.

Ah! très-joli!

RENÉ.

D'abord, Paul, prends-y garde! si tu me fais perdre un espoir sans lequel je ne saurais plus vivre, il faudra te couper la gorge avec moi. (Il remonte.)

FONTELAIS, sautant.

Allons! bon! voilà autre chose.

RENÉ, regardant au travers d'une croisée.

Ah! mon Dieu! mais je ne me trompe pas? là, dans la cour, au milieu de tous ces pauvres gens, c'est elle!... c'est Blanche!...

FONTELAIS.

Ah! oui... Tiens, entre Blanche et ses parents, il y a une nuance assez bizarre... ses parents ne peuvent pas me pardonner d'avoir besoin de moi; et elle, au contraire, pousse le pardon si loin qu'elle me dévalise... elle donne tout aux pauvres, jusqu'à mes bottes.

RENÉ.

Chère petite!...

BLANCHE, au dehors.

Attendez-moi... ne vous en allez pas...

FONTELAIS, effrayé.

Est-ce qu'elle veut les inviter à dîner?

RENÉ.

La voilà!... Ah! mon ami! j'ai peur de ne pouvoir supporter ma joie!

FONTELAIS.

Eh bien, va-t'en chez moi!

RENÉ.

Oui, tu as raison, je me cache. (Il se tient à l'écart, Blanche entre sans le voir.)

SCÈNE III

LES MÊMES, BLANCHE *.

BLANCHE, accourant.

Paul! Paul!... (L'apercevant.) Ah! mon bon Paul! il y en a deux qui n'ont rien eu.

FONTELAIS.

Eh bien, qu'ils partagent avec les autres.

BLANCHE, faisant la moue.

Ah! ne dites pas de bêtises.

FONTELAIS.

Hein?

BLANCHE, retournant ses poches.

J'ai distribué les cent francs que vous m'aviez donnés...

FONTELAIS.

Avant hier!...

* Blanche, Fontelais.

BLANCHE.

Non, hier.

FONTELAIS.

C'est encore mieux.

BLANCHE.

Oui... il ne me reste plus que deux sous. (Elle lui remet la pièce.)

FONTELAIS.

Cent francs dont deux sous.

BLANCHE.

Prêtez-moi votre bourse. (Elle fouille dans sa poche.)

FONTELAIS, se défendant.

Mais, mademoiselle...

BLANCHE, avec joie.

Ah! je l'ai!...

FONTELAIS.

Blanche!...

BLANCHE, qui courait à la fenêtre, ramassant en route le paletot de Fontelais qui traîne sur un fauteuil.

Est-ce que vous vous servez encore de ça?

FONTELAIS, le lui prenant.

Mais oui, mais oui... mon paletot à présent? (Il le jette à René qui le reçoit.)

BLANCHE, qui a vidé le contenu de la bourse, le jetant au dehors.

Tenez, tenez... (Refermant la fenêtre et avec satisfaction.) Là! c'est fait. (Elle redescend, René ne se montre pas encore. Lui présentant la bourse.) La voilà, votre bourse.

FONTELAIS.

Il est bien temps... heureusement qu'il n'y avait pas grand chose; mais, ma petite Blanche, tu n'es pas raisonnable! jeter ainsi l'argent par les fenêtres!

BLANCHE, avec une gravité comique.

Ah! prenez garde, monsieur, « vous allez me faire sentir que je

vous dois tout, » comme dit papa .. (éclatant de rire.) Je t'aime!...
Je vous tutoierai, veux-tu ?

FONTELAIS, n'y tenant plus.

C'est un amour, que cette enfant-là.

RENÉ, avec explosion.

C'est un ange*!

BLANCHE, surprise.

Quelqu'un!... (Apercevant René et avec un cri.) Ah!... (avec une grande
émotion) ah! mon Dieu! mon Dieu!... (Elle chancelle.

FONTELAIS, la soutenant.

Blanche!

BLANCHE, que les larmes gagnent peu à peu.

C'est bien lui!... Paul! Paul! Le monsieur ne s'est pas noyé!

FONTELAIS, lui tapant dans les mains.

Eh bien, non... non... il ne s'est pas noyé...

BLANCHE, tout bas.

Il vit! il vit! (Elle éclate en sanglots.)

RENÉ, très-ému.

Ah! mademoiselle!... chère Blanche!... (Il passe derrière Fontelais
et prend la main de Blanche **.)

FONTELAIS, le repoussant.

Dis donc, dis donc...

RENÉ.

Ah! Tu nous ennuies, toi.

FONTELAIS, à part.

Mais ça n'a pas de nom!...

BLANCHE, naïvement.

Si vous saviez, monsieur?... quand je vous ai vu disparaître,
je me suis trouvé mal, d'abord.

---

* René, Fontelais, Blanche.
* Fontelais, Blanche, René.

FONTELAIS.

C'était la première chose à faire.

BLANCHE.

Et puis... en revenant à moi, j'ai interrogé tout le monde... on ne pouvait rien savoir encore... plus tard, un autre accident était arrivé, et on a confondu... sans doute, et j'ai cru que vous aviez péri... (baissant les yeux) et j'ai pensé que c'était ma faute !... et j'avais bien du chagrin !... oh ! j'ai bien prié pour le repos de votre âme, allez, monsieur !

RENÉ, fou de bonheur et serrant Fontelais dans ses bras.

Quand je te dis que c'est un ange !

FONTELAIS, se dégageant.

Eh bien oui, eh bien oui, c'est un ange !

BLANCHE, souriant et tendant la main à René.

Ah ! je suis bien heureuse de vous revoir, monsieur... (A Paul.) Voilà pourquoi j'étais si gaie depuis quelque temps, c'était un pressentiment !

RENÉ, avec passion à Fontelais.

Tu l'entends ? tu l'entends ?

FONTELAIS.

Mais certainement que je l'entends !... à preuve que je n'en reviens pas... oh ! ces petites filles !

BLANCHE, inquiète.

Est-ce que c'est mal, ce que j'ai dit, Paul ?... Est-ce que je devais cacher la joie que j'éprouvais en voyant que monsieur n'était pas mort ?

FONTELAIS, embarrassé.

C'est-à-dire que...

BLANCHE.

J'ai donc eu tort, dis ?

RENÉ.

Non, non... vous n'avez pas eu tort de laisser parler votre charité. (Allant à Blanche.) N'écoutez pas votre frère, il ne sait pas ce qu'il dit.

FONTELAIS.

Très-bien... très-bien !...

RENÉ.

D'abord, tu dois convenir que notre connaissance ne s'est pas faite dans des conditions ordinaires, et que nous sommes par conséquent en dehors des lois communes.

FONTELAIS, se récriant.

Mais pas du tout, sapristi, et je ne veux pas convenir de ça...

RENÉ, avec feu.

Si... si... nous avons été tous deux, une première fois, en danger de mort ; après cela, moi, j'ai encore failli périr. Eh bien, puisque Dieu nous a sauvés, c'est qu'il nous destinait l'un à l'autre.

FONTELAIS, bas.

Mais tais-toi donc, effronté.

RENÉ.

Mademoiselle Blanche, voilà cinq mois que je vous cherche, que je vous attends, que je vous appelle !... cinq mois passés uniquement à penser à vous, à rêver de vous !... je dois être votre mari, vous devez être ma femme.

FONTELAIS.

Veux-tu te taire ! (Il le fait passer à droite.)

BLANCHE, très-troublée.

Mais, monsieur !

RENÉ, avec désespoir.

D'abord, si vous me repoussez, si vous ne pouvez pas m'aimer, je mourrai pour tout de bon cette fois !... je vous le jure !... et cette fois, alors, ce sera bien véritablement votre faute !...

BLANCHE, éperdue.

Monsieur...

RENÉ.

Eh bien?...

BLANCHE.

Mais...

RENÉ, avec passion.

Répondez, au nom du ciel !...

BLANCHE.

Mon Dieu ! mon Dieu !... mais je ne veux la mort de personne !
(Elle se jette dans les bras de Fontelais et cache sa tête dans son sein.)

RENÉ.

Ah ! je suis le plus heureux des hommes.

FONTELAIS, caressant la tête de Blanche.

Ah ! tu me fais jouer un joli rôle, toi...

BLANCHE.

Comment?

FONTELAIS.

Parbleu !... tu m'embrasses pour te donner une contenance, petite masque.

BLANCHE.

Oh ! Paul !...

RENÉ, avec feu, lui serrant la main.

Tu feras ma demande, n'est-ce pas?

FONTELAIS.

Oui...

RENÉ.

Tu me le promets ?

FONTELAIS.

Oui.

RENÉ.

Tu me le jures?

FONTELAIS, criant.

Te faut-il du papier timbré?

RENÉ, avec reproche.

Oh! ces hommes d'argent!

FONTELAIS.

Merci!

RENÉ.

Si... si... je te crois! car tu es bon !... et nous t'aimerons
bien.

BLANCHE.

Oui, bien... bien!

FONTELAIS, l'imitant.

Bien! bien! les hypocrites. (Il remonte.)

RENÉ, allant de Paul à Blanche.

Ah! Paul!... ah! mademoiselle! mon ami!... ma chère Blanche!... ma sœur, mon enfant !... (avec amour) ma femme !...

FONTELAIS, à part.

Mais c'est un salpêtre que ce garçon-là.

BLANCHE, dégageant sa main.

Ah! monsieur!... j'ai oublié de vous dire... je n'aurai pas de
dot... papa est ruiné.

RENÉ.

Oh! mademoiselle, je le sais... je l'ai appris tout à l'heure...

FONTELAIS, redescendant au milieu.

Oui... et même avec grand plaisir.

BLANCHE.

Ah!

RENÉ.

Mais sans doute, puisque je suis assez riche pour nous tous...
votre père et votre mère n'auront plus à s'occuper de rien, made-

moiselle Blanche ; je me charge de leur bonheur, ils ne nous quitteront pas...

FONTELAIS, avec un cri.

Ah ! voilà quelque chose qui m'ira par exemple !

BLANCHE, avec reproche.

Oh !...

FONTELAIS, à René.

Pauvre ami !

RENÉ.

Bah ! bah ! laisse donc, c'est que tu ne sais pas le moyen de les prendre.

FONTELAIS.

Si fait ; il faut les prendre avec des pincettes.

BLANCHE.

Paul ! c'est mal !

FONTELAIS.

Oh ! de jolies pincettes !... enfin, nous verrons quand tu seras madame... (A René.) Ah ! à propos, Blanche sait-elle comment elle s'appellera ?

BLANCHE.

Tiens... non !

RENÉ.

Non... pas encore.

FONTELAIS.

C'est trop fort ! elle ne sait pas même son nom !... (A René.) Viens ici que je te présente ; il est bien temps je crois. (Présentant René.) M. René de Norguet, vingt-cinq ans, mon ami, aimable garçon... un peu extravagant, mais propriétaire d'un cœur excellent et possesseur de quatre-vingt mille livres de rente, et de cinq ou six donjons plus ou moins féodaux .. car il est baron !... (Regardant Blanche qui baisse la tête.) Qu'est-ce que tu as ? (Il se retourne et aperçoit René qui envoie des baisers à Blanche.) N'est-ce pas que tu es baron ?

4

RENÉ, riant.

Je crois que oui.

FONTELAIS.

Il compte des ancêtres !...

RENÉ.

J'ai même encore leurs cuirasses...

FONTELAIS.

Parfait ! si M. Beljames hésite, tu jetteras tes cuirasses dans la balance.

BLANCHE, le caressant.

A la bonne heure ! tu deviens gentil !

FONTELAIS.

Gentil ! oui, oui ; en effet, je crois que je vais être gentil dans quelque temps, car je fais bien mes affaires, moi, depuis que vous êtes ici... c'est-à-dire que je ne sais même plus ce qui se passe à la Bourse ; avec cela que je ne suis pas tranquille du tout sur le compte du remisier que mon beau-père m'a imposé, toujours de par les droits du malheur !

RENÉ.

Un remisier ? qui donc ?

FONTELAIS.

Eh parbleu ! M. Onésyme Moutonnet.

RENÉ.

Qu'est-ce que c'est que ça !

BLANCHE.

Ah ! monsieur, c'est le fils d'un pharmacien du Havre, et ami de papa, et que papa veut me faire épouser, et même qu'il faut vous faire aimer de papa et de maman afin de l'emporter sur...

RENÉ.

Sur le fils du pharmacien ?...

FONTELAIS, riant.

Pour un baron qui a tant de cuirasses, c'est triste.

BLANCHE, boudant.

Ah bien, alors...

RENÉ, vivement.

Non, non, mademoiselle Blanche, je ferai tout ce que vous voudrez; mais il me faudrait une occasion pour me trouver tout naturellement avec M. et madame Beljames.

FONTELAIS.

Oui... Eh bien mais tiens, nous avons justement pour après-demain un bal, un rout, je ne sais quoi!... tu pourras t'y montrer paré de tous tes avantages.

RENÉ.

Bravo!

BLANCHE, joyeuse.

Oui... c'est cela... et moi, je me ferai bien belle aussi.

RENÉ.

Mais... avant le bal, il serait peut-être bon que je fusse présenté à M. et madame Beljames, afin que le jour de...

FONTELAIS.

Eh bien, nous arrangerons une entrevue... préparatoire, et...

BELJAMES, dans la coulisse.

Maudit cheval! satanée bête!

BLANCHE.

Ah! papa.

RENÉ.

Bah!

FONTELAIS.

Oui... je vais te présenter...

BÉLJAMES, de même.

Fichue bête!....

RENÉ, tremblant.

Non, il a l'air mal disposé... j'aime mieux me sauver, de quel côté?

BLANCHE, guidant René.

Par là!... (Il sort.)

FONTELAIS, courant à Blanche; la retenant.

Eh bien!...

BLANCHE, se dégageant.

Et moi par ici... (A Fontelais, riant.) Toi, tire-toi delà comme tu pourras.

FONTELAIS

Merci!... (A lui-même.) Décidément, c'est une belle chose que la reconnaissance.

SCÈNE IV

FONTELAIS, M. et MADAME BELJAMES, puis, aussitôt après, MARTHE et JEAN.

BELJAMES, entrant furieux en se frottant la jambe.

Méchant animal!... (Il descend à droite.)

MADAME BELJAMES.

Marche doucement, mon pauvre ami.

FONTELAIS.

Ah! mon Dieu! qu'y a-t-il donc?

BELJAMES, sévèrement.

Il y a, monsieur, que votre alezan brûlé... a failli me flanquer dans une carrière!

FONTELAIS.

Ah bah!

BELJAMES, très agité.

Oui, monsieur, oui... et sans un hasard providentiel... je suis brisé !...

FONTELAIS.

Les morceaux sont encore bons.

BELJAME.

Je vous conseille de rire...

FONTELAIS.

Mais je ne ris point...

MARTHE, entrant, à Jean.

Mon Dieu ! mon Dieu ! Mais, qu'est-il donc arrivé ?

JEAN.

Oh ! rien, madame... seulement la caisse du coupé est défoncée, le brancard est en deux morceaux, Musette est couronnée, le...

MARTHE.

Mais comment cela s'est-il fait ?

JEAN, ricanant.

Ah ! madame c'est bien simple !... Musette n'est pas habituée à avoir de la glaise jusqu'aux genoux ; ça l'a vexée cette bête, et elle a pointé !...

FONTELAIS.

Ça se comprend.

BELJAMES.

Je suis désolé assurément d'avoir blessé les instincts. . aristo-cratiques de mademoiselle Musette ; mais, en tout cas, pareille chose ne serait point arrivée si, au lieu d'une bête de luxe qui n'est bonne qu'à faire du genre, devant le perron de Tortoni, vous aviez à votre voiture...

JEAN, entre les dents.

Un bon cheval de labour...

BELJAMES.

Hein?

JEAN.

Je ne dis rien, monsieur.

FONTELAIS.

Allons, sortez... (Jean sort.)

BELJAMES.

Oh! j'ai bien entendu. (A Fontelais.) M. Jean se permet de me railler!... C'est tout simple, du reste; en voyant le peu d'égards que l'on a céans pour M. Beljames, les valets peuvent bien se croire en droit de lui manquer de respect.

SCÈNE V

LES MÊMES, JEAN excepté *.

FONTELAIS, à part, en marchant avec agitation.

Un coupé tout neuf!... un bijou d'Herler pour aller visiter des.. Mais que diable allait-il faire dans cette carrière?

BELJAMES, le suivant de l'œil.

En vérité, mon gendre, voilà bien du bruit et du mouvement pour peu de chose...

MARTHE, bas à Fontelais.

C'est vrai mon ami.

FONTELAIS.

Quoi? qu'est-ce qui est vrai?

BELJAMES.

Après cela, je suis dans mon tort, j'aurais dû aller à pied.. une autre fois, j'irai à pied!... C'est à deux pas du reste... de la rue d'Amsterdam à...

* Fontelais, Marthe, Beljames, madame Beljames.

FONTELAIS, se contenant.

Mais enfin, voyons, monsieur Beljames qu'alliez-vous donc faire dans cette carrière?... (Il s'assied près de lui *.)

BELJAMES, levant les yeux au ciel.

Ce que j'y allais faire?...

FONTELAIS.

Oui...

BELJAMES, de même.

Ce que j'y allais faire?... (Avec une émotion contenue.) Vous voulez le savoir?...

FONTELAIS.

J'avoue que ça me fera plaisir.

BELJAMES, avec éclat.

Eh bien, je vais vous le dire !...

MADAME BELJAMES, voulant l'empêcher de continuer.

Mon ami?...

BELJAMES.

Laisse-moi parler, Sophie !... notre gendre mérite une leçon.

FONTELAIS, à part.

Ah! mon Dieu !...

BELJAMES, avec amertume.

Vous saurez tout, monsieur !... Vous saurez d'abord que, voulant sortir à tout prix de la position humiliante dans laquelle je me trouve...

FONTELAIS.

Comment ?

BELJAMES, continuant.

Je suis allé frapper depuis huit jours à toutes les portes, pour tâcher d'obtenir un emploi quelconque...

* Marthe, Fontelais, Beljames, madame Beljames.

MARTHE, émue.

Oh! papa!...

BELJAMES.

J'ai fait cela, ma fille!... mais par malheur, à mon âge... enfin,
l'autre jour, j'ai rencontré par le plus grand des hasards, un an-
cien camarade du lycée, devenu entrepreneur... Il exploite des
carrières à Montrouge...

FONTELAIS, à part.

Ah! nous y voilà!

BELJAMES.

Robineau... (il se nomme Robineau).

FONTELAIS.

Il n'y a pas de mal à ça.

BELJAMES.

Robineau jouit aujourd'hui d'une grande fortune... (Appuyant.)
Une fortune solide, celle-là...

FONTELAIS, à lui-même.

Oui... bâtie sur moellons.

BELJAMES.

Je lui ai dit que j'étais ruiné! que ma femme, ma fille et moi,
nous manquions même du nécessaire...

FONTELAIS.

Plaît-il?

BELJAMES.

Que tous les nôtres nous avaient abandonnés...

FONTELAIS, se lève.

Comment? vous avez dit?...

BELJAMES, naïvement.

Il fallait bien l'intéresser à nous.

FONTELAIS, à part.

Oh!

BELJAMES.

Ce moyen a réussi..., J'allais demander à Robineau de me donner un modeste emploi dans son exploitation, il a voulu faire mieux... il m'a offert de m'avancer de l'argent pour l'aider dans ses entreprises, se chargeant... (attendri) se chargeant même, de me faire gagner par année, une vingtaine de mille francs.

FONTELAIS.

Vraiment? mais c'est superbe !

BELJAMES, avec des larmes, et se levant.

Oui... mais savez-vous ce qu'il faut faire, pour cela, monsieur? Il faut être sur pied, en tout temps, à cinq heures du matin, et braver l'intempérie des saisons, le soleil.

FONTELAIS.

La lune !

BELJAMES.

La l... (Il hausse les épaules, et continue.) Le vent, la pluie, la neige !... il faut prendre de sordides repas dans des cabarets de bas étage, il faut être en rapports constants avec des hommes grossiers, avec des natures incultes !... (Avec fierté.) Et croyez-vous donc, monsieur, que c'est à mon âge et avec l'éducation que j'ai reçue que l'on peut se résoudre à une vie pareille ?...

FONTELAIS.

Pardon, mais...

BELJAMES.

Moi, Beljames, me résigner à descendre aussi bas !... Jamais, monsieur, jamais !... ne l'espérez pas !...

FONTELAIS, étonné.

Eh bien, mais il me semble que...

MADAME BELJAMES, avec des larmes, et se levant.

Non, mon ami... c'est impossible ! ta fille ne le permettrait pas

MARTHE.

Oh ! non.

MADAME BELJAMES.

Et je suis bien sûre qu'elle saura faire entendre raison à son mari.

FONTELAIS.

A moi ?

MARTHE.

Soyez tranquille, ma mère... Paul est bon dans le fond...

FONTELAIS, ahuri.

Comment, dans le fond ?

MARTHE, à demi-voix.

D'abord, mon ami, mon père n'aurait pas la force de...

MADAME BELJAMES, bas.

Il en mourrait, monsieur, et vous auriez des remords qui...

FONTELAIS, éclatant.

Mais sacrebleu ! à la fin, est-ce que c'est moi qui lui ai conseillé de... Est-ce que je savais s'il y avait des carrières à Montrouge ?... est-ce que je connais Bobineau ? Robineau ! qu'est-ce que c'est que ce Robineau ?

BELJAMES, vexé.

Ce Robineau ! ce Robineau ! mais monsieur, ce Robineau vous vaut bien.

FONTELAIS.

Est-ce moi qui prétends... ?

BELJAMES.

Robineau n'est point une bête.

FONTELAIS.

Je n'ai pas dit ça.

BELJAMES.

Non, mais c'est que vous avez un air de... Il semblerait qu'en dehors de la finance, il n'y a plus que des imbéciles.

FONTELAIS.

Mon Dieu!... il y en a en dehors... et en dedans.

BELJAMES, continuant.

Mon pauvre frère qui a fait une si grande fortune n'était pas dans la finance... Voltaire n'était pas dans la finance.

FONTELAIS, que l'impatience gagne peu à peu.

Charles-Quint non plus.

BELJAMES.

Mon gendre!

FONTELAIS, de même.

Charles-Quint était dans la finance?

MARTHE.

Mon ami!

BELJAMES.

Oui monsieur; Robineau...

FONTELAIS, à part.

Encore Robineau!

BELJAMES.

Robineau est un homme des plus honorables, qui a élevé toute sa famille du fruit de son travail. (Appuyant) Car il a sept enfants, lui !

FONTELAIS.

Vous me dites cela comme un reproche!

BELJAMES.

Eh, monsieur!...

FONTELAIS.

Voyons? si j'avais déjà sept enfants après six mois de mariage, qu'est-ce que vous diriez?

MARTHE.

Paul... tu passes les bornes...

BELJAMES, raillant.

Mais non, mais non... monsieur a bien le droit peut-être de
s'amuser aux dépens de l'homme qu'il nourrit.

FONTELAIS, rageant.

Oh!

BELJAMES.

Allez, allez, monsieur; prenez-en pour votre argent.

FONTELAIS, éclatant.

Mais mon cher beau-père, vous ne voyez donc pas que je ris
pour ne pas me mettre en colère!

BELJAMES, se drapant.

Vous oublieriez-vous donc jusqu'à me dire des injures?

MADAME-BELJAMES, à Fontelais.

Ah! je ne puis le croire...

MARTHE.

Non... non, ma mère... rassurez-vous.

FONTELAIS, perdant la tête.

Elle aussi?... ah! c'est trop fort... (Il va s'asseoir près de la cheminée.)

SCÈNE VI

LES MÊMES, MOUTONNET.

Il est pâle et tout en désordre.

MOUTONNET, très-agité.

Ah! mes amis!...

FONTELAIS.

Allons, bon... qu'est-ce qu'il y a encore?

MOUTONNET, tombant dans un fauteuil.

Ah! quel malheur!

TOUS.

Un malheur!

MOUTONNET.

J'en mourrai!

TOUS.

Comment?

MOUTONNET.

Onésyme aussi!

BELJAMES.

Onésyme!

MOUTONNET.

Il n'a pas de couverture... mon fils, mon unique enfant sans couverture... on parle de l'exécuter.

BELJAMES, effrayé.

Pourquoi-ça?

MOUTONNET.

Parce que les Anglais sont venus avec un huitième de baisse.

BELJAMES, étonné.

Les Anglais !

MOUTONNET.

Ça lui a fait peur... il a vendu le double.... il avait acheté 72,000 ferme... dans la coulisse... alors ils sont remontés...

BELJAMES.

Qui?

MOUTONNET.

Les Anglais !...

BELJAMES, qui a suivi avec peine.

Je ne comprends pas.

5

MOUTONNET.

Moi non plus!... d'abord... mais sa lettre, le pauvre enfant... las, sans doute, de tripoter pour... le compte d'un autre... il a voulu... sous un faux nom, tripoter pour lui-même!

FONTELAIS.

Et...

MOUTONNET.

Et il a joué!

FONTELAIS.

Lui aussi! il a ses cotons!

MOUTONNET.

On a tout découvert. On sait que c'est M. Onésyme Moutonnet qui... quinze mille francs de différence à payer!... il dit qu'il est déshonoré!... il n'ose plus revenir!... (A Fontelais avec un ton d'amer reproche.) Ah! monsieur, pourquoi vous avons-nous connu?

FONTELAIS, étonné.

Ma foi, je n'en sais rien.

MOUTONNET, avec des larmes.

Car enfin, monsieur, si Onésyme n'avait jamais mis le pied dans cette maison; s'il n'avait pas été ébloui par... le luxe inouï qui s'y étale...

FONTELAIS, à Marthe.

Qu'est-ce qu'il dit?

MOUTONNET, continuant.

S'il n'était pas devenu l'un de vos satellites?...

FONTELAIS.

Mais, monsieur, on m'a forcé à le prendre.

MOUTONNET, continuant.

Il n'aurait jamais mis le pied dans l'antre de l'agiotage, par conséquent, il n'aurait jamais eu l'idée de... Ah! mon pauvre enfant! mon pauvre enfant!... Oh! mais notre nom sortira pur de cette épreuve... Je vendrai ma pharmacie, mon laboratoire, tout, tout, jusqu'à ma dernière cravate!

BELJAMES, vivement.

Nous ne le souffrirons pas.

MADAME BELJAMES.

Oh! non. .

BELJAMES.

C'est nous qui avons fait le mal, c'est à nous de le réparer; mon gendre payera!...

MADAME BELJAMES.

Oui !

FONTELAIS.

Moi?...

MOUTONNET, amèrement.

Il payera! il payera!... mais me rendra-t-il mon enfant? si dans son désespoir?... (Mouvement de Fontelais.) Ah! c'est que vous ne le connaissez pas vous, monsieur; Onésyme, mon fils, c'est le cœur le plus loyal!... l'âme la plus honnnête!... aussi ne devait-il pas réussir. Il n'était pas comme vous dans les secrets du gouvernement.

FONTELAIS.

Dans les secrets du... Mais il ne nous dit rien du tout, je vous prie de le croire... le gouvernement est très-cachotier...

MOUTONNET.

Mais alors, monsieur...

FONTELAIS, hors de lui.

Ah! au diable! j'en ai assez! j'en ai assez!... (A Moutonnet.) Monsieur... (A Beljames.) Mon beau-père!... (Écrivant sur une page de son carnet qu'il déchire ensuite, pour la donner à Moutonnet.) Tenez, voilà tout ce que j'ai à vous dire... prenez... c'est l'adresse du docteur Blanche.

MOUTONNET, lisant, et avec indignation.

A Chaillot, dans une maison de fous! (Les dents serrées.) Monsieur, si ce n'était par égard pour mon vieil ami!...

FONTELAIS, exaspéré.

Eh bien, après ?

BELJAMES.

Quel scandale !...

MADAME BELJAMES, s'élançant.

C'est affreux !

MARTHE, de même.

Mon père !...

MOUTONNET, avec sentiment en prenant la main de Beljames.

Ah! mon pauvre ami! je vois que tu ne m'avais pas trompé, et que... monsieur méritait bien tout le mal que tu m'as dit de lui.

FONTELAIS, criant.

C'est trop fort !. .

SCÈNE VI

LES MÊMES, BLANCHE.

BLANCHE, entrant.

Que se passe-t-il donc?...

MOUTONNET, à Fontelais.

Oui, monsieur, oui... vous avez jeté le masque, et j'en rougis pour vous, mais...

BELJAMES, lui mettant la main sur la bouche.

Tais-toi, mon ami, tais-toi! Épargne-nous une dernière humiliation!. . car... je connais monsieur, il n'hésiterait pas à te jeter à la porte!

FONTELAIS.

Ah! ma parole d'honneur !...

BELJAMES, indigné.

Il en convient!... Ah! monsieur, vous chassez ainsi le seul

homme au monde qui m'ait témoigné de l'affection?... Eh bien,
je pars avec lui!...

MOUTONNET.

Oui... nous partons.

BELJAMES.

Madame Beljames, Blanche, suivez-nous.

MARTHE.

Non, non... vous ne vous en irez pas ainsi... c'est impossible, je
ne le veux pas!... (A Fontelais.) Paul! Paul!... (D'un ton de reproche.)
Mais, retenez-les donc, monsieur.

FONTELAIS.

Ah! ils ne s'en iront pas, sois tranquille. . (à lui-même) ces gens-là
ne s'en vont jamais.

MARTHE.

Ah! d'abord, je vous en préviens... si mes parents sortent de
celte maison, je ne les laisserai pas partir seuls. .

FONTELAIS.

Que feras-tu donc ?

MARTHE, avec des larmes.

J'en mourrai peut-être, mais...

FONTALAIS, s'élançant.

Oh! Marthe!

MADAME BELJAMES, avec désespoir.

Grand Dieu! une séparation! nous serions cause!... nous aurions
fait le malheur de notre enfant !

FONTELAIS.

Mais, madame, il me semble que...

MADAME BELJAMES.

Oui... oui... je vous comprends, monsieur. (Avec effort.) Nous res-
terons.

BELJAMES, sévèrement.

Sophie !

MADAME BELJAMES.

Nous devons tout souffrir... pour elle.

BELJAMES.

Eh bien, tu resteras avec Blanche, mais... quant à moi, le chef de la famille, après tout ce qui s'est passé, je ne puis... (Il remonte.)

MARTHE, l'arrêtant encore.

Mon père, oubliez!...

FONTELAIS.

Mais quoi ?

BELJAMES, avec fierté.

Si je ne lui devais pas tout à cette heure, je le pourrais peut-être, mais... dans ma position... (Fausse sortie.)

MARTHE, de même.

Eh bien... tenez... mon mari vous demande... pardon.

FONTELAIS.

Moi?... (A Marthe.) Te moques-tu de moi ?

MARTHE, bas.

Je t'en supplie!... Ils sont si malheureux!...

FONTELAIS.

Ils en abusent!

MARTHE.

Ne me démens pas, si tu m'aimes!

FONTELAIS.

Mais... sacrebleu!...

MARTHE, bas.

Je t'adorerai !

FONTELAIS, l'embrassant en cachette.

O ange imbécile!... Enfin.

MARTHE, prenant la main de Fontelais et celle de son père.

Mon père... Paul vous demande votre main en signe d'oubli. (Beljames fait des façons ; Moutonnet l'y contraignant et avec bonhomie.) Allons! .. allons!... mon bon Beljames... sois généreux... (Voyant la main de Beljames réunie à celle de Fontelais, par Marthe.) Là!... (D'un ton attendri.) Ah! les enfants!... ils ont beau faire! on les aime toujours!...

FONTELAIS, ahuri.

J'ai des papillons dans la cervelle!... (Marthe lui fait un signe suppliant.)

MARTHE, à son père.

Enfin, c'est bien entendu!... vous restez ?

BELJAMES, avec un sublime effort.

Oui ; nous restons...

MADAME BELJAMES, à demi-voix.

Merci... mon ami... merci! Tu ne m'as jamais paru plus grand.

BELJAMES, avec dignité.

C'est dans l'adversité que l'on apprend à connaître les hommes !

MADAME BELJAMES, lui serrant la main.

J'admire ton courage !

BELJAMES, avec une pause de martyr.

Il en faut! quand on est aux crochets de son gendre!...

ACTE TROISIÈME

Un salon, portes au fond à droite et à gauche ; entre les deux portes, une cheminée, deux grands cordons de sonnette, pendule, candélabres ; en face la
cheminée, un guéridon, encre, papier, plume d'oie, etc., un grand fauteuil
à droite du guéridon, deux chaises à droite ; sur le devant de la scène, à
gauche, un canapé, à gauche, deux chaises.

SCÈNE PREMIÈRE

SUZANNE, RENÉ.

Au lever du rideau, Suzanne enlève de dessus le canapé un chale et va à gauche
prendre une écharpe. René entre du fond à gauche et aperçoit Suzanne.

RENÉ, entrant.

Mademoiselle, prévenez M. Fontelais, je vous prie.

SUZANNE.

M. Fontelais ? Mais M. Fontelais ne couche plus à l'hôtel.

RENÉ.

Ah bah ? Eh bien, où couche-t-il donc ?

SUZANNE.

J'ai entendu dire à l'office, que monsieur allait coucher tous les
soirs à Bade.

* Suzanne, René à la cheminée.

RENÉ.

Qu'est-ce que tu me chantes, toi?

SUZANNE, prude, mais souriante.

Monsieur me tutoie?

RENÉ, honteux et se reprenant.

Oh! excusez-moi, mon enfant.

SUZANNE, les yeux en coulisses.

Il n'y a pas de mal, monsieur... (A part.) Il est très-gentil!...

RENÉ.

Enfin, puisque votre maître ne loge plus chez lui, où loge-t-il?

FONTELAIS, entrant.

Hôtel de *Bade!*

SUZANNE, à René.

Ah! voilà monsieur.

RENÉ, allant à Fontelais.

Ah! je te trouve donc, enfin! (Suzanne sort pour rentrer aussitôt.)

SCÈNE II

LES MÊMES, FONTELAIS.

FONTELAIS, se promenant sa canne et ses deux mains dans ses poches, et comme s'il se parlait à lui-même.

Hôtel de *Bade...* boulevard des Italiens, 32.

RENÉ, le suivant.

Mon cher ami.

FONTELAIS, marchant toujours et sans l'écouter.

Et voilà huit jours que ça dure!... et je déclare que j'en ai assez.

RENÉ.

Mon cher Paul.

FONTELAIS, s'arrêtant et s'emportant.

Oui, j'en ai assez! j'en ai trop... et... qu'on ne me fasse pas de

5.

procès; je ne dis pas de mal de la maison!... elle est bien tenue!
(Suzanne va et vient, en rangeant çà et là.)

RENÉ.

Mon cher Paul, je te disais que...

FONTETAIS, même jeu et sans l'écouter.

Je possède la chambre 46, au second étage... dans la chambre,
il y a un piano, et dans le piano, il y a une... Ah! Suzanne?

SUZANNE, s'approchant.

Monsieur ?...

FONTELAIS.

Y a-t-il un chat, ici ?

SUZANNE, étonnée.

Un chat?

FONTELAIS.

Oui, un chat... Tu sais bien ce que c'est qu'un chat, n'est-ce
pas?

SUZANNE.

Oh! certainement, monsieur, même qu'il y en a un chez le con-
cierge.

FONTELAIS.

Eh bien, prends-le... porte-le à l'hôtel de *Bade,* monte-le dans
ma chambre, et fourre-le dans le piano...

SUZANNÉ.

Bah?

FONTELAIS.

C'est comme ça... (Au public.) Voilà bien ma chance; il n'y a
qu'une souris dans l'hôtel, et elle est pour moi... (A Suzanne qui rit,
et en allant s'asseoir à droite.) Qu'est-ce que c'est?

SUZANNE, effrayée.

Je vais porter le chat, monsieur, je vais porter le chat. (Elle sort,

René voyant que Fontelais ne se dispose pas à l'écouter, va s'asseoir près de lui *.)

RENÉ.

Je te disais donc, mon cher ami.

FONTELAIS, continuant.

Depuis huit jours, je dévore en silence...

RENÉ.

Que j'étais décidé à faire ma demande.

FONTELAIS, même jeu.

Tous les affronts que j'ai essuyés ; on m'a demandé mon nom, mon âge, mon lieu de naissance, ma destination...

RENÉ, criant.

Ah çà, veux-tu m'écouter, à la fin ?

FONTELAIS, criant aussi.

Eh bien, après, quoi ? qu'est-ce qu'il y a ? qu'est-ce que tu veux ? la main de Blanche ? je te la donnne !... mon beau-père et ma belle-mère ? je te les donne également... Le père Moutonnet, le fils Moutonnet, toute la tribu des Moutonnet ? je te la donne aussi... Qu'est-ce que tu veux encore ?

RENÉ.

Mais je veux... je veux...

FONTELAIS.

Tu ne sais pas ce que tu veux !... (L'examinant.) Ah ! si !... une cravate blanche, à onze heures et demie, je devine. Eh bien, écoute, mon bon René, je t'aime infiniment, mais je te déclare que je ne veux plus me mêler de ce qui concerne M. Beljames... hier soir, j'ai terminé l'acquisition d'un nid charmant, caché rue Léonie... une miniature d'hôtel ! Tiens, l'hôtel de la petite Fanny la danseuse... une miniature d'hôtel tout meublé. J'y installe mon beau-père et ma belle-mère ; je leur constitue une pension, je leur achète une perruche pour charmer leurs loisirs, et

* Fontelais, René.

je rentre dans mes foyers, comme le roi Richard Cœur de Lion, après avoir été prisonnier hôtel de *Bade*, cellule 46.

RENÉ.

Mais..

FONTELAIS, se lève.

Qu'est-ce que tu veux, mon ami ? chacun pour soi, et les beaux-pères pour tous. Fais ta demande toi-même. (René se lève, tirant sa montre.) Onze heures trente sept ! Bonsoir !... (Criant.) Je prends deux cents Mobiliers ! Envoyez... (Il veut sortir.)

RENÉ, le prenant à bras le corps.

Non ; il ne sera pas dit que j'aurai en vain compté sur ton amitié.

FONTELAIS, jetant dans un coin les gants qu'il allait mettre, et sonnant.

Mais la Bourse, malheureux ! la Bourse ?

RENÉ, impatienté.

Eh ! que m'importe ?

FONTELAIS.

Mais le Danemark ?... et la Prusse? (à Julien qui entre.) Donnez-moi des gants propres. (Revenant à René.) La Prusse que tu oublies ?

RENÉ.

La Prusse ? je m'en moque !

FONTELAIS.

O les amoureux... bouleversez donc le monde !... mais c'est demain 'ma liquidation. Adieu ! (Fausse sortie.)

RENÉ, l'arrêtant.

Encore une fois, tu ne sortiras pas.

FONTELAIS.

Mais enragé, j'ai des ordres au premier cours... Tiens... (tirant des lettres de sa poche), deux cents Mobiliers.

JULIEN, timidement en présentant des gants à Fontelais.

Si monsieur voulait? moi, j'en prendrais bien vingt-cinq, je vois de la reprise.

FONTELAIS, lui donnant une tape avec les gants qu'il a pris.

Ah! c'est trop fort! (Julien se sauve.) C'est mon beau-père qui aura perdu mon valet de chambre.

RENÉ.

Tiens, je les prends, moi, tes deux cents Mobiliers.

FONTELAIS.

Veux-tu cent Midi aussi ?

RENÉ.

Oui.

FONTELAIS.

Mon salon transformé en corbeille?... mais il n'y a donc chez moi que des insensés? (Prenant son chapeau.) Fais ta demande toi-même. (Il remonte.)

SCÈNE III

LES MÊMES, BLANCHE *.

RENÉ, courant à Blanche.

Chère Blanche, il nous abandonne.

BLANCHE.

Par exemple !

FONTELAIS.

Mais il faut que je fasse mes petites affaires. (Il veut sortir.)

BLANCHE, lui barrant le passage à son tour.

On ne passe pas.

RENÉ.

Moi qui te croyais mon ami.

BLANCHE.

Moi qui vous croyais bon... Ah! je me suis bien trompée...

* René, Fontelais, Blanche.

FONTELAIS.

Va, va... (Il s'assied à droite du guéridon.)

BLANCHE, se jetant à son cou.

Non, c'est pour rire... Tu es bon; d'abord, Marthe me l'a dit; et tu seras notre protecteur, notre providence.

RENÉ, lui serrant la main.

Mon cher Fontelais !

FONTELAIS.

Oh! les intrigants !

BLANCHE.

Au nom de ta chère Marthe!... Songe donc, si l'on t'avait refusé sa main?... Eh bien, mets-toi à la place de M. René...

RENÉ.

Oui, mets-toi à ma place...

FONTELAIS.

Je vous dis que vous êtes deux intrigants!... et que vous me ferez mourir sur la paille!... (Il pose son chapeau sur la table)

BLANCHE, joyeuse.

Il reste !

FONTELAIS, écrivant sur une page de son carnet.

C'est comme ça que mon avenir te touche ?

BLANCHE.

Oh! ton avenir...

FONTELAIS, descendant en scène.

Très-bien! j'étais né pour le martyre! (Appelant.) Monsieur Julien?

JULIEN, rentrant.

Monsieur?...

FONTELAIS, joignant plusieurs lettres au mot qu'il a écrit.

Courez au bureau, et remettez tout cela à mon associé...

JULIEN, prenant les papiers.

Oui, monsieur... (Il va pour sortir par le fond à gauche, Beljames paraît.)

FONTELAIS.

Mon beau-père !

RENÉ, bas.

Je compte sur ton amitié.

BLANCHE, de même.

Notre bonheur dépend de toi ! (René va près de la cheminée et arrange sa cravate pour se donner une contenance, puis il parle à Blanche, sans perdre de vue Fontelais et Beljames.)

SCÈNE IV

LES MÊMES, BELJAMES.

FONTELAIS, à part.

De la patience, surtout... O sainte Marthe ! protégez-moi !

BELJAMES, à lui-même et allant s'asseoir sur le canapé.

Cet excellent Moutonnet a suivi mon gendre... que peut-il aller faire depuis deux jours, rue Léonie ? chez des danseuses.

FONTELAIS, prenant un air aimable.

Bonjour, mon cher monsieur Beljames *.

BELJAMES, à part.

Dissimulons encore... (Haut et se levant.) Bonjour, mon cher Fontelais.

FONTELAIS, à part.

Ah! il a l'air bien disposé. (Haut.) Mon cher beau-père, (il fait signe à René de venir) permettez-moi de vous présenter M. René de Norguet, mon plus intime ami...

RENÉ, s'avançant.

Monsieur, croyez que je suis bien heureux... et... si l'amitié de Paul est un titre à... (René s'est troublé sous le regard froid de Beljames, qui le toisait des pieds à la tête.)

---

* Beljames, Fontelais, René et Blanche au fond.

BELJAMES, passant à droite *.

Monsieur, j'ai l'honneur de vous saluer... (Il le quitte et va à Fontelais.)

FONTELAIS, à part.

M. Beljames manque d'enthousiasme.

BELJAMES, prenant Fontelais et l'amenant au milieu de la scène; René est allé rejoindre Blanche.

Je suis enchanté de vous voir, mon cher Fontelais, car j'ai à vous parler.

FONTELAIS.

Je suis à vos ordres, mon cher beau-père...

BELJAMES, à demi-voix.

J'ai réfléchi qu'il était décidément peu convenable que je m'adressasse à des étrangers.

FONTELAIS, à part.

Où diable veut-il en venir?

RENÉ, bas à Blanche.

Ils parlent de nous.

BELJAMES.

Je viens donc vous demander une petite place dans vos bureaux.

FONTELAIS.

Voyons, voyons, mon cher beau-père, vous n'y songez pas... vous? dans mes bureaux, au milieu de mes commis?

BELJAMES.

Le travail ennoblit l'homme; et ne le déshonore jamais!...

FONTELAIS.

Sans doute, sans doute, mais...

BELJAMES, continuant.

Je déclare que l'ouvrier courbé sur sa tâche et chantant gaiement le refrain du travailleur, me paraît...

* René, Fontelais, Beljames, Blanche.

FONTELAIS.

Parfaitement !... et je suis tout à fait de votre avis...

BELJAMES, douloureusement.

D'abord, quand on ne fait rien, on s'ennuie...

FONTELAIS.

Mais pas du tout. (A part.) Je tiens ma rentrée. (Haut et faisan signe à René de descendre près de lui. Blanche descend à droite.) Tenez, voci monsieur René de Norguet, mon ami... le plus intime !... qui possède (appuyant) quatre-vingt mille livres de rente; eh bien... il ne s'ennuie jamais, et pourtant il ne travaille pas...

BELJAMES.

Je ne blâme point monsieur, chacun est libre d'agir à sa guise. (A Blanche qu'il aperçoit venir à lui.) Bonjour, fillette. (Il s'assied sur une des chaises.) Je sais qu'à Paris, le suprême bon ton est de ne rien faire... le soir, on va à son cercle ou bien à l'Opéra ; et le jour, on fait le tour du lac... sur un cheval fougueux ! (Il regarde Fontelais et se frotte le genou.)

FONTELAIS, montrant René.

Il a des chevaux très-doux, lui !...

BELJAMES.

Ce n'est point de monsieur que je prétends parler ; mais de ces fils de famille, élégants désœuvrés qui n'apportent pas leur pierre à l'édifice social.

FONTELAIS, impatienté.

Monsieur Beljames...

BLANCHE, bas.

Ne l'irrite pas... pense à nous.

FONTELAIS, très-doux; entre Blanche et Beljames.

Vous avez raison ; et mon ami René partage entièrement votre opinion.

☞* René, Fontelais, Beljames, Blanche.

RENÉ.

Parfaitement !

FONTELAIS.

Aussi emploie-t-il sa fortune (quatre-vingt mille livres de rente) à la chose la plus grande, la plus noble!... Il s'est fait le Léon X du xixe siècle; il encourage les arts et les artistes !

BELJAMES, très-ironique et se levant *.

Monsieur encourage les artistes? ah! ah! les artistes... encore une jolie clique.

FONTELAIS, à part.

Il aime mieux les Robineau.

BELJAMES.

Ce sont tous des paresseux qui fument dans des pipes, et qui boivent de la bière... Les artistes!... nous en avons eu un au Havre! il a même tenté de se suicider ; il a prétendu que c'était par amour ; eh bien, c'était pour ne pas payer sa note... Voilà les artistes! (Il se promène avec agitation.)

BLANCHE.

Oh! papa... comme tu es injuste! il y a encore de grands artistes...

BELJAMES.

Allons donc.

FONTELAIS.

Qui payent leurs notes, et qui gagnent même plus de cent mille francs par an !

BELJAMES.

Eh bien, ce sont ceux-là qu'il faut encourager.

FONTELAIS, se contenant.

Vous avez raison !...

* René, Beljames, Blanche, Fontelais.

RENÉ, à Beljames.

Aussi, monsieur, ai-je chez moi quelques œuvres modernes de grande valeur, et si vous vouliez être assez bon pour visiter ma galerie?...

FONTELAIS.

Ah!... parbleu! c'est cela!... et nous emmènerons madame Beljames, n'est-ce pas, mon cher beau-père?...

BELJAMES, un peu radouci.

Mais...

FONTELAIS.

Il a même un Raphaël... authentique, vous ne pouvez pas refuser.

BLANCHE.

Un Raphaël? oh! papa, nous irons, n'est-ce pas?... demain?

BELJAMES.

Je ne dis pas non.

RENÉ, joyeux.

Ah! monsieur, combien je suis heureux d'emporter votre promesse!... par exemple, je suis désespéré de n'avoir pas eu l'honneur de saluer madame Beljames...

BELJAMES, flatté.

Ma femme s'habille. (Il passe à gauche.)

FONTELAIS.

Aussi, il n'insiste pas...

RENÉ, bas à Fontelais.

Reste avec lui, plaide ma cause, je reviendrai tantôt savoir si tu l'as gagnée... (Saluant.) Monsieur, mademoiselle. (En s'inclinant devant Blanche.) Je vous aime! (Il salue une dernière fois et sort comme un fou.)

BLANCHE, bas à Fontelais.

Tu as bien travaillé... voilà pour tes honoraires... (Elle lui envoie un baiser en courant et sort.)

SCÈNE V

FONTELAIS, BELJAMES.

FONTELAIS, à part.

Et c'est le père de cette enfant-là... les phénomènes ne s'expliquent pas. (Haut.) Eh bien, mon cher monsieur Beljames? (Il lui prend le bras et ils traversent la scène. A part.) Battons le fer. (Haut.) Comment trouvez-vous mon ami? il est bien, n'est-ce pas?...

BELJAMES.

Oui... fort bien... trop bien même; car sa présence dans une maison où se trouve une jeune fille comme Blanche, pourrait peut-être avoir des conséquences fâcheuses. (Ils s'arrêtent.)

FONTELAIS, le regardant.

Quelles conséquences donc?

BELJAMES.

C'est bien simple... M. de Norguet, votre ami, est jeune, riche, aimable... Eh bien, je suppose que Blanche, prenant au sérieux quelque parole banale de plaisanterie, se mette un bel amour en tête; je suppose qu'elle en vienne à aimer M. de Norguet; qu'arriverait-il?

FONTELAIS, après un mouvement de satisfaction.

Il arriverait une chose toute simple... mon cher beau-père... Et du reste, votre supposition tombe juste.

BELJAMES.

Qu'est-ce que ça veut dire?

FONTELAIS.

Cela veut dire que René adore notre petite Blanchette et que notre petite Blanchette aime beaucoup notre ami René... voilà.

* Beljames, Fontelais.

BELJAMES.

Allons donc... mais ils ne se sont jamais vus.

FONTELAIS.

C'est ce qui vous trompe!... Ils ont fait connaissance entre le Havre et Honfleur! Neptune était irrité; il agitait son trident d'une façon désagréable pour les voyageurs!

BELJAMES.

Grands dieux!

FONTELAIS.

Vous y êtes... (Solennellement.) Monsieur Beljames, j'ai l'honneur de vous demander la main de mademoiselle Blanche, votre fille, pour M. René de Norguet, rentier gentilhomme.

BELJAMES.

Plaît-il? Blanche? la femme de?... vous voulez que moi j'aille dire à un homme qui a quatre-vingt mille livres de rente, que je ne donne pas un sou de dot à ma fille?

FONTELAIS.

Mais vous n'avez pas besoin de le lui dire... Il le sait, et malgré cela...

BELJAMES.

M. de Norguet sait que je suis ruiné?

FONTELAIS.

Eh bien, oui.

BELJAMES.

Alors, il sait aussi que Blanche, Sophie et moi nous sommes à vos crochets?

FONTELAIS.

Ah! monsieur Beljames, le mot est dur.

BELJAMES.

Il est juste... en effet, nous tenons tout de vous; mais il était inutile d'aller vous en vanter.

FONTELAIS.

Monsieur Beljames!

BELJAMES.

Je repousse la demande de M. René de Norguet, votre ami.

FONTELAIS.

Et pourquoi?

BELJAMES.

Parce que j'ai un autre mari pour elle; un homme dont je n'aurai pas, du moins, à redouter les reproches, devant lequel du moins, je n'aurai pas à rougir, attendu qu'il connait ma position, et depuis longtemps, et cet homme (montrant Onésyme qui entre) le voilà!

SCÈNE VI

LES MÊMES, ONÉSYME *.

FONTELAIS.

Vous voulez me donner ce beau-frère-là?

ONÉSYME, étonné.

Hein ?

FONTELAIS.

Voyons? raisonnons un peu, mon cher beau-père.. M. Moutonnet fils est charmant, j'en conviens, c'est un bijou, une perle... avec tout ce qui s'en suit.

ONÉSYME, modestement.

Ah! monsieur. (Il s'assied près du guéridon et regarde Fontelais et Beljames tout en souriant.)

FONTELAIS.

Pardonnez-moi... vous êtes délicieux, mais vous êtes trop jeune...

ONÉSYME.

J'aurai vingt-quatre ans aux lilas!...

---

* Beljames, Onésyme, Fontelais.

FONTELAIS.

Vous n'avez pas d'état?

BELJAMES.

Il s'en fera un.

ONÉSYME, avec complaisance.

J'ai déjà essayé!

FONTELAIS.

Ah! je vous conseille de rappeler votre tentative... qui me coûte quinze mille francs. Et puis, ce n'est pas tout ça... Blanche ne vous aime pas.

ONÉSYME.

Si elle ne m'aime pas, du moins elle m'estimera.

FONTELAIS.

Oui; à votre juste valeur... si ça vous suffit?...

ONÉSYME, modeste.

Je suis sans ambition...

BELJAMES, à Onésyme.

Laissez, laissez, Blanche vous aimera... (A Fontelais.) Je lui dirai : « aime Onésyme » et elle aimera Onésyme!...

FONTELAIS.

N'y comptez pas... elle ne peut pas le voir en peinture

ONÉSYME, se lève et descend à droite.

Oh! je ne lui donnerai pas mon portrait, voilà tout.

FONTELAIS, à Beljames, et regardant Onésyme marcher, il ne peut se contenir de rire.

Ça, mon beau-frère... mais regardez-le donc.

BELJAMES.

Mais dites donc le fin mot, monsieur, si Onésyme était de vos amis, vous l'accueilleriez; mais il est le fils d'un homme qui m'a donné mille preuves d'affection, il vous déplaît, c'est tout naturel.

FONTELAIS, criant.

Mais non... il ne me déplait pas, c'est à Blanche qu'il déplait...
moi je ne l'épouse pas, d'abord, je suis marié !

BELJAMES, continuant avec de grands bras.

Ah! s'il était le compagnon de vos folies?...

FONTELAIS.

De mes folies?

BELJAMES.

Mais, il ne s'agit pas de vous; il s'agit de Blanche, de ma fille,
que moi seul, moi seul, entendez-vous, ai le droit de....

FONTELAIS.

De rendre malheureuse...

ONÉSYME.

Ah ! monsieur, je vous jure...

FONTELAIS.

Qu'elle ne le sera pas avec vous? vous avez raison...

BELJAMES.

Qu'est-ce que cela veut dire?

FONTELAIS.

Cela veut dire, parbleu, que Blanche n'épousera jamais un mari
bâti comme ça.

ONÉSYME, qui a fait un bond.

Hein?

BELJAMES, pâle de colère.

Mon gendre !... mon gendre !... ah! tenez, je ne daignerai même
pas vous répondre! j'aurais trop de choses à vous dire.

FONTELAIS, criant.

Mais dites-les donc... dites-les donc !...

BELJAMES, étranglant.

Que je...? que je les...? ah! j'étouffe !... cet homme-là me fera
mourir ! il veut me tuer, c'est évident!... mais je ne vous ferai

pas ce plaisir, entendez-vous?... et je vivrai cent ans... pour vous faire enrager !

FONTELAIS.

Voulez-vous vingt ans de plus? allez en Hongrie... on vit cent vingt ans là-bas... c'est la moyenne...

BELJAMES, à Fontelais.

Raillez, raillez, monsieur, mais vous aurez beau faire, ce sera lui qui épousera ma fille. Oui ; lui... et non votre M. de Norguet !... et, tenez, je vais lui écrire sur-le-champ pour lui signifier son congé.

FONTELAIS, très-nerveux et courant à la table en même temps que Beljames.

C'est ça ; tenez, voilà une table, du papier, de l'encre... il n'y a pas de plume? ah! si une plume d'oie! voilà votre affaire.

BELJAMES, frappant sur la table.

Vous êtes un scélérat !

FONTELAIS, de même.

Et vous ! vous êtes la crème des beaux-pères !... (A part.) Ah ! j'en ai assez !... Je quitte la place... (Frappé d'une inspiration.) Je vais embrasser Marthe, ça me calmera. (Il sort par la gauche ; Onésyme s'est assis sur le canapé a mis ses jambes l'une sur l'autre et s'est parlé à lui-même pendant la scène précédente.)

SCÈNE VII

BELJAMES, ONÉSYME, et aussitôt MOUTONNET.

BELJAMES, se démenant dans son fauteuil.

Ah ! le coquin !... ah ! le brigand !...

ONÉSYME, pas-agité.

Ah! mais je suis trop malgar... ici. son gendre à ce prix-là ?... non ! non !...

6

BÉLJAMES.

Oui, je vais lui écrire à ce monsieur. (Se fouillant.) Mes lunettes?
mes lunettes?

ONÉSYME, de même.

Oh ! il n'en faut plus.

BELJAMES.

Ah ! les voici. (Il plante ses lunettes sur son nez.)

MOUTONNET, entrant sans bruit du fond à droite.

Que vient de me dire Suzanne? M. René de Norguet serait notre
rival ?

BELJAMES, écrivant fiévreusement.

« Mon cher monsieur de Norguet. »

MOUTONNET, effrayé, à part.

Il lui écrit?

BELJAMES, qui a trouvé.

Ah ! un moyen? (Ecrivant sur une autre feuille après avoir déchiré la
première. « M. et madame Beljames ont l'honneur de vous faire
part du mariage de mademoiselle Blanche Beljames leur fille, avec
M. Onésyme Moutonnet. »

MOUTONNET, à part.

Je respire...

ONÉSYME, à part et se levant.

Ah ! mais non... ah ! mais non. Je suis trop maltraité, ici...

MOUTONNET, à part, tout en descendant près d'Onésyme.

Que se dit donc mon cornichon de fils? (Il s'approche *.)

BELJAMES, déchirant la seconde lettre.

Non... autre chose !

ONÉSYME, continuant.

Avec ça que décidément, mademoiselle Blanche n'a pas l'air de
m'aimer follement !... souvent quand elle croit que je ne la vois

---

* Beljames, au fond ; Onésyme, Moutonnet.

pas, elle me fait des grimaces ; pas plus tard qu'hier, elle m'a tiré la langue ; aussi...

MOUTONNET, à part.

Il n'y a plus que lui pour se parler comme ça à lui-même...

ONÉSYME, prenant une détermination.

Aussi, c'est bien décidé, je vais déclarer sur-le-champ, à M. Beljames que je reste garçon. (Il va s'élancer, Moutonnet le repêche par la basque de son habit.)

MOUTONNET, bas.

Malheureux !

ONÉSYME, étonné.

Papa !

MOUTONNET, l'entraînant à l'écart.

Tais-toi... ou je t'embarque !

ONÉSYME.

Comment?

MOUTONNET.

Par un voilier, un fin voilier, pour la Havane !

ONÉSYME, effrayé.

Pourquoi ça ?

MOUTONNET.

Pourquoi ça ? parce que voilà trente-cinq ans que je compose des sirops et que je colle des étiquettes sur des petites bouteilles, et que j'en ai assez... parce que je veux vendre ma pharmacie, parce que je veux voir Naples, et que tu n'es qu'un imbécile.

ONÉSYME.

Moi ?

BELJAMES, qui se frappe le front de temps à autre pour en faire jaillir l'inspiration.

Oui, oui !

MOUTONNET, très-bas et d'un ton sombre.

Ah! tu veux renverser un hymen que j'ai mis deux ans à écha-

fauder?... Car, crois-tu donc que je m'amuse avec les Beljames?...
mais pas du tout... mais ce sont deux caricatures!... mais ce
sont deux grotesques.

BELJAMES, même jeu.

Oui, oui. (Il écrit convulsivement.)

MOUTONNET.

Tu crois que je les aime?... mais non... je les subis voilà tout...
Je les subis pour toi, et parce que je veux voyager.

ONÉSYME.

Bah? et vous dites que c'est pour moi?

MOUTONNET.

Mais tu ne comprends donc pas qu'il n'y a qu'un M. Beljames
qui puisse vouloir de toi pour gendre?

ONÉSYME, avec fatuité

Mais non... Il me semble au contraire qu'avec ma jeunesse, ma
tournure, mon éducation! ..

MOUTONNET.

Mais tu n'es qu'un ignorant malheureux!... mais tu n'as pas
deux liards de conversation, mais tu n'ouvres la bouche que pour
dire des sottises!...

ONÉSYME, souriant.

Ah!... permettez?

MOUTONNET.

Tiens, tu vas voir?. .

ONÉSYME.

Ah! c'est ennuyeux aussi. (Il passe à gauche.)

MOUTONNET, le suivant.

Ah! c'est que je ne peux plus me faire illusion sur ton compte.
(Il s'assied sur le canapé.) Mais vingt fois j'ai voulu essayer de te marier, et vingt fois les parents menacés m'ont ri convulsivement
au nez.

ONÉSYME, indigné.

Par exemple !

MOUTONNET.

Un jour seulement, j'avais rencontré un autre... Beljames.... Il en restait un, il s'appelait Bonardel... ça lui allait, mais la fille, ah !

ONÉSYME.

Mademoiselle Atala.

MOUTONNET.

Quand on est venu lui dire : « Tu épouses M. Onésyme Moutonnet dans tr·is jours... » sais-tu ce qu'elle a fait ?

ONÉSYME.

Non...

MOUTONNET.

Elle s'est jetée par la fenêtre.

ONÉSYME.

Bah !... (Souriant gracieusement.) C'est donc ça qu'elle boîte.

MOUTONNET, le faisant asseoir près de lui.

Et tu crois que je laisserai échapper la seule occasion que je puisse avoir jamais de... non, non, puisque tu n'es bon à rien... je vais te mettre en ménage pour n'avoir plus à m'occuper de toi... Voici mon plan.... je vous campe ta femme et toi dans mon petit immeuble de la rue de la Gaffe, au Havre, avec douze mille francs par an... J'ai un petit cottage à peu près inhabitable, sur la côte de Sainte-Adresse, à cent dix-huit mètres au-dessus de la mer ; j'y flanque M. et madame Beljames avec cent francs par mois... Toi, tu recevras du monde, tu te feras des connaissances... Ta femme est jeune, jolie, spirituelle, elle dissimulera ton incapacité notoire, oui, j'en réponds si tu veux la laisser toujours parler, te contenter de mettre des cravates blanches, et ne jamais répondre que : « moi aussi ! » (Il se lève, ainsi qu'Onésyme.) Et, avant peu tu seras l'un des notables du Havre.

ONÉSYME.

Mais, papa... Elle ne m'aime pas.

6.

MOUTONNET.

Ta mère non plus ne m'aimait pas... dans les commencements.

ONÉSYME, à part.

Oh ! quant à ça , il faut être juste ; à la fin non plus.

MOUTONNET, avec sensibilité.

Tu vois donc bien que, sans amour, on peut être parfaitement heureux en ménage.

ONÉSYME.

Cependant ?...

MOUTONNET.

Mon enfant, c'est arrangé comme ça... Tu épouseras Blanche ou je t'embarque... Blanche, ou les Colonies espagnoles... tu as le droit de choisir. (Tirant sa montre.) Et cinquante secondes pour user de ton droit.

ONÉSYME, à lui-même.

Pourquoi irais-je à la Havane, puisque je ne fume pas ?

MOUTONNET, remettant sa montre.

Eh bien ?

ONÉSYME, avec un soupir.

J'épouse.

MOUTONNET, le prenant dans ses bras.

Bien, Onésyme... Maintenant, ne perdons pas de temps... il faut combattre ton rival avec ses propres armes, pour le cas où il reviendrait sur l'eau... cours donc au passage de l'Opéra, achète un bouquet ; lilas blanc, violettes de Parme... (Voyant Beljames qui se lève.) Chut ! (Beljames, tant qu'il écrivait, était placé de façon que l'on ne pût voir courir sa plume sur le papier ; quand il se lève, il laisse voir au public quatre feuilles énormes couvertes d'écriture.)

BELJAMES, descendant.

Voici les quelques lignes que j'écris à M. de Norguet. (Apercevant Moutonnet.) Ah ! tu étais là.

MOUTONNET.

Oui; je causais avec ce cher enfant ! Il me disait la joie qu'il éprouve... (Poussant Onésyme.) Va donc.

ONÉSYME.

Ah! monsieur !

BELJAMES.

Oui, oui, tu seras mon gendre.

MOUTONNET, bas.

Mon cher beau-père !

ONÉSYME.

Mon cher beau-père !...

MOUTONNET, bas.

Dans ses bras, va donc ! (Il le lance dans les bras de Beljames.)

BELJAMES, se dégageant d'Onésyme.

Il a une grande sensibilité.

MOUTONNET, bas.

Maintenant, vole et reviens, dès que tu seras avec mademoiselle Blanche, ne dis rien, ça gâterait tout... offre tout simplement ton bouquet en souriant.

ONÉSYME.

Oui, papa... (Il remonte.)

MOUTONNET, le rappelant.

Ah ! Onésyme ?

ONÉSYME.

Papa?

MOUTONNET.

Quand tu souris, n'ouvre pas tant la bouche... je te dirai pourquoi...

ONÉSYME, contrarié.

Ah!

MOUTONNET.

Va-t'en.

ONÉSYME.

Je vole ! (Saluant.) Monsieur !... (A part, en sortant.) Je vois bien ce que c'est... (Avec finesse.) Papa est jaloux de moi comme dans *la Mère et la Fille.*

SCÈNE VIII

BELJAMES, MOUTONNET, puis MARTHE.

BELJAMES, après avoir pris sa prise.

Écoute !... Je crois que c'est assez bien senti. (Lisant.) « Monsieur, quoique d'un sang plébéien, non, j'ai quelque chose de mieux. » (Il va à la table.)

MOUTONNET, à part.

Mon plan est bien tracé ; j'en fais tant, tant, qu'avant demain, le Fontelais flanque toute la famille à la porte, je les recueille, je bâcle le mariage et je pars pour Naples.

BELJAMES, à la table.

Écoute un peu. « Monsieur le baron, vu que vous êtes l'ami de mon gendre, vous n'aurez jamais ma fille. » (Il sonne.)

MARTHE, qui est entrée et qui a entendu.

Mon mari ne s'était donc pas trompé ? (Beljames signe et plie la lettre, s'avançant.) Ainsi, papa, vous refusez M. de Norguet ?

BELJAMES.

Parfaitement. (A Baptiste qui entre.) Portez cette lettre à son adresse. (Baptiste sort, Beljames descend en scène *.)

---

* Beljames, Marthe, Moutonnet.

MARTHE.

Mais papa... pourquoi le refuser ? M. de Norguet est pourtant un parti tout à fait convenable...

BELJAMES.

Il paraît que non, puisqu'il ne me convient pas.

MARTHE.

Mais il convient à Blanche.

BELJAMES.

Marthe !

MARTHE.

Ah ! mon père, vous me gronderez si vous voulez comme autrefois, mais je viens de causer avec Paul, et je vous dirai que je suis tout à fait de son avis.

MOUTONNET.

Je le conçois. (Avec intention.) Le devoir d'une honnête femme n'est-il pas de se ranger toujours et... (appuyant) *quand même* du côté de son mari ?

MARTHE, relevant l'intention.

Quand même ? Non, mais bien lorsque, comme aujourd'hui, c'est de ce côté que se trouvent la justice et la raison.

BELJAMES.

Madame ma fille ?...

MARTHE.

Ah ! écoutez donc mon père. Il y va aujourd'hui du bonheur et de l'avenir de Blanche, et il me semble que cela nous regarde bien un peu, aussi, mon mari et moi...

BELJAMES, d'un ton singulier.

Ton mari ?

MOUTONNET, de même, et à demi-voix.

Son mari !

BELJAMES, du même ton de compassion.

C'est à lui qu'elle veut laisser le soin de...

MOUTONNET, du même ton.

Après ce que nous savons !...

BELJAMES, du même ton.

Ah! sa confiance est bien placée.

MARTHE.

Comment? mais que savez-vous donc ?

BELJAMES.

Nous savons !...

MOUTONNET, vivement.

Mon ami ! mon ami !... (A demi-voix, de façon à être entendu.) La pauvre enfant !... peut-être vaut-il mieux, encore, qu'elle reste dans son erreur.

MARTHE, inquiète.

Quelle erreur?... qu'y a-t-il donc?...

MOUTONNET.

Rien... rien... madame...

BELJAMES, avec des larmes.

Mon ami, je la vois encore le jour de sa sortie de pension... ce jour-là, je me disais : « Mon Dieu! si elle se marie, faites qu'elle rencontre un honnête homme ! » Ah! pourquoi le ciel ne m'a-t-il pas exaucé ?...

MARTHE.

Que dites-vous, mon père ?

MOUTONNET.

Tais-toi, mon ami, tais-toi.

MARTHE, très-agitée.

Non, monsieur, non, il n'est plus temps de se taire... Parlez, mon père, parlez! il le faut, je le veux !

BELJAMES, avec émotion.

Eh bien... ton mari ?

MARTHE.

Achevez.

BELJAMES, avec horreur.

Il a une maîtresse !

MADAME BELJAMES, qui est entrée depuis un moment.

Une maîtresse ! mon gendre !

BELJAMES.

Moutonnet l'a suivi...

MOUTONNET.

Par hasard...

BELJAMES.

Oui, par hasard ; pendant deux jours... et pendant ces deux jours... (Avec émotion.) Achève, Moutonnet.

MOUTONNET.

Pendant ces deux jours... mon Dieu ! il n'y a peut-être rien du tout... seulement, dès que trois heures sonnent, M. Fontelais court rue Léonie, chez une danseuse.

MADAME BELJAMES.

Une danseuse !

MARTHE.

Oh ! c'est impossible.

SCÈNE IX

LES MÊMES, MADAME BELJAMES.

MADAME BELJAMES.

Mon gendre infidèle !

BELJAMES.

Oui ! nous en avons la preuve.

MADAME BELJAMES.

La preuve !

MARTHE.

C'est-à-dire que ce ne sont que des conjectures. (A sa mère.) Pendant deux jours de suite, mon mari est allé rue Léonie, et...

MADAME BELJAMES, sévèrement.

Rue Léonie?... Qu'est-ce que ton mari allait donc faire, rue Léonie?

MARTHE.

Mais je ne sais pas, moi.

MADAME BELJAMES.

Comment? tu ne sais pas?... Tu ne sais pas où va ton mari? Il a donc des secrets pour toi?... mais alors, pauvre enfant, s'il a des secrets pour toi, c'est qu'il te trompe.

MARTHE.

Mais je ne comprends pas.

BELJAMES.

Voyons? que signifient, d'abord, ces cadeaux continuels? ces surprises sans cesse renouvelées ?

MARTHE.

Dame...

BELJAMES.

M'as-tu jamais vu faire des surprises à ta mère?... (A Moutonnet.) Moutonnet, réponds, as-tu jamais fait des cadeaux à ta femme?

MOUTONNET, avec fierté.

Jamais!... Madame Moutonnet avait le nécessaire...

BELJAMES, avec une certaine amertume.

Ah! ah! c'est que nous, nous n'avions rien à nous reprocher...

MADAME BELJAMES

Est-ce que c'est convenable, ces expressions qu'il emploie sans cesse pour te parler?... *Ma chérie ! mon bijou ! mon trésor ! mon ange !* et : *je t'aime par-ci, je t'adore par-là !*

MARTHE.

Mais il me semble...

MADAME BELJAMES.

Ton père s'est-il jamais conduit de cette sorte, vis-à-vis de moi ?

BELJAMES.

J'étais affectueux, mais... digne... Bonjour... Bonsoir! Et encore dans les commencements!...

MADAME BELJAMES.

Oh! cet homme! cet homme! Mais nous sommes là, nous, nous qui ne voulons que ton bonheur. On demandera des comptes à ton mari...

BELJAMES.

Et, quand le diable y serait, il faudra bien que ta dot se retrouve.

MARTHE, étonnée.

Comment ?...

MADAME BELJAMES.

C'est à dire que je me demande ce qu'il a pu en faire ? (Marthe va parler.)

MOUTONNET, l'interrompant.

Oh! oh! madame; l'argent va vite, à Paris... vous comprenez?... Les chevaux, les soupers, le jeu, les cigares!... car il y a des gens qui fument jusqu'à des cinq francs cinquante de cigares par jour... (Prenant une prise.) Oh! la régie est pour plus qu'on ne croit dans la ruine et le déshonneur des familles...

MADAME BELJAMES, avec émotion.

La ruine? voilà ce qui l'attend.

MARTHE, pleurant.

Mon Dieu! mon Dieu!

MADAME BELJAMES, lui essuyant les yeux.

Allons! allons! Marthe, du calme... Il est peut-être temps encore de ramener ton mari... Ton père lui parlera.

7

BELJAMES.

Moi ? mais je ne le puis pas ; car je dépends de lui, au premier mot il me fermerait la bouche...

MOUTONNET, à part.

Voilà mon affaire. (Haut.) Mais je ne dépends pas de lui, moi... et c'est moi qui lui parlerai. J'entends M. Fontelais... laissez-moi seul avec lui !

MARTHE.

Mais, ne pourrait-on pas plutôt...

MADAME BELJAMES.

Tu ne dois plus avoir de volonté, Marthe, tu dois t'abandonner à nous, viens, viens... (Elle entraîne Marthe par la gauche ; Beljames les suit.)

SCÈNE X

MOUTONNET, un instant seul, puis FONTELAIS, et ensuite SUZANNE.

MOUTONNET, à part.

Il s'agit maintenant de mettre le feu aux poudres... du sang-froid, et, avant un quart d'heure, M. Fontelais aura sauté au plafond.

FONTELAIS, passant avec précaution sa tête par la porte entrebâillée.

Mon beau-père n'est plus là ? Je puis entrer... (Il descend en scène sans voir tout d'abord Moutonnet qui est enfoui dans une bergère placée devant la cheminée ; à lui-même.) Je n'ai plus de maison, plus de voitures, plus de serviteurs, et plus de femme... Je n'ai plus qu'un beau-père, et qu'une belle-mère... Triste ! triste ! Tout à l'heure, j'étais avec Marthe depuis cinq minutes à peine ; tout à coup, du coin le plus obscur de la pièce où nous nous trouvions, une grosse araignée quitte sa toile, s'élance, et... paff !... la petite mouche est prise... la petite mouche, c'était ma femme, la grosse araignée, c'était ma belle-mère... Il est temps d'épousseter la maison... et bientôt, je l'espère... mais en attendant, je ne peux pas même passer une heure avec ma femme, et... (Frappé d'une idée.) Ah! mais si!... il y a un moyen... (Appelant.) Suzanne! Suzanne!

SUZANNE, entrant.

Monsieur?

FONTELAIS.

Tais-toi... et écoute... (A voix basse.) Tu vas_sortir de l'hôtel sans qu'on te voie, tu iras me chercher...

SUZANNE.

Encore un chat?

FONTELAIS.

Non, un coupé de remise... et tu le feras stationner au coin de la rue d'Amsterdam ; va. (Suzanne sort à droite.) Il s'agit maintenant de retrouver Marthe, pour lui dire... (Apercevant Moutonnet qui s'est dressé peu à peu derrière le fauteuil) Encore une araignée? (Il veut sortir.)

MOUTONNET, l'arrêtant.

Pardon, monsieur Fontelais?

FONTELAIS.

Ah! permettez... c'est que je suis pressé.

MOUTONNET, lui faisant signe de s'asseoir.

Deux mots seulement?

FONTELAIS, descendant à droite *.

De quoi s'agit-il?

MOUTONNET, à part.

Du calme, Moutonnet, toute ta force est là! (Il s'assied près de Fontelais ; avec une sensibilité exagérée :) Mon cher!... mon bon monsieur Fontelais ; permettez-moi d'abord?... (Il lui prend la main avec respect.)

FONTELAIS, étonné, à part.

Ah! mon Dieu!

* Fontelais, Moutonnet.

MOUTONNET.

Il est doux de serrer une main loyale !... Pardonnez à mon émotion, mon cher monsieur Fontelais ; mais c'est que j'ai appris à vous connaître, et je sais maintenant, que sous une rude enveloppe, vous cachez un cœur excellent.

FONTELAIS.

Monsieur, je vous en prie.

MOUTONNET, d'un ton paterne.

Comment se fait-il donc alors, dites-moi, que vous, monsieur, qui êtes si bon pour le premier venu, pour des gens que vous connaissez à peine, vous puissiez vous montrer (appuyant) si dur et si implacable pour ceux qui, cependant, devraient avoir le plus de droits à votre respect et à votre amour ?

FONTELAIS.

De qui donc voulez-vous parler ?

MOUTONNET, lui serrant les mains.

Eh ! ne devinez-vous pas qu'il s'agit de votre digne beau-père et de votre excellente belle-mère ?

FONTELAIS, étonné.

Ah bah ! c'est d'eux que...

MOUTONNET, avec des larmes agaçantes.

Je les quitte, mon ami (permettez-moi de vous donner ce titre), je les quitte à l'instant... et je ne vous cacherai pas que j'ai le cœur encore tout navré du tableau de leur douleur...

FONTELAIS.

Hein ?

MOUTONNET, avec un ton de doux reproche.

Ah ! il paraît que vous les avez traités bien cruellement.

FONTELAIS, se montant.

Moi ?

MOUTONNET, à part.

Il y vient... (Haut.) Du reste, M. Beljames ne vous accuse pas, le cher homme !... Je répondrais bien (disait-il) qu'en agissant aussi brutalement envers nous, mon gendre n'obéit point à un mouvement de son propre cœur...

FONTELAIS.

Quoi ? mon beau-père ?...

MOUTONNET.

Il y a des femmes si dangereuses ! Eh ! mon Dieu, je sais bien qu'elles sont séduisantes.

FONTELAIS.

Des femmes !

MOUTONNET.

Ce n'est pas moi qui parle, c'est votre beau-père... Mais, que peut-on espérer de ces séductions d'un moment, de ces voluptés éphémères...

FONTELAIS.

Monsieur...

MOUTONNET.

Ce n'est pas moi qui parle, c'est votre beau-père !

FONTELAIS, que la colère gagne de plus en plus, et se levant.

Comment, M. Beljames disait cela ?

MOUTONNET.

Oui, mon ami, et il me faisait alors un tableau déchirant de cet avenir qui vous attend ; il me montrait la prison pour dettes en perspective...

FONTELAIS, criant.

La prison pour dettes ? (Il passe à droite.) Mon beau-père est un vieux fou !

MOUTONNET, à part.

Il y vient ! il y vient ! (Il montre encore le plafond, haut et avec un ton de doux reproche.) Ah ! prenez garde... le ciel punit les fils ingrats.

FONTELAIS.

Ingrat, moi ?... Qu'est-ce que je lui dois donc ?

MOUTONNET.

Oh! rien, rien!... c'est vrai!... et c'est lui, qui, au contraire..
car il est à vos crochets.

FONTELAIS, sautant.

Encore?... mais c'est le supplice des crochets!...

MOUTONNET.

Ah! il avait raison... c'est un pain bien dur qu'il mange chez
vous, (avec émotion) un pain trempé de larmes!

FONTELAIS, très-agité.

D'abord, s'il est trempé de larmes, il ne peut pas être dur; vous
n'êtes pas logique!

MOUTONNET.

Ah! monsieur, cette plaisanterie?...

FONTELAIS, criant.

Enfin, quoi? voyons? est-ce que je lui reproche quelque chose,
moi? Je lui demande de me laisser en repos, voilà tout.

MOUTONNET, avec compassion.

Mais enfin, que vous a-t-il donc fait...

FONTELAIS, exaspéré.

Ce qu'il m'a fait? Depuis qu'il est ici, il a empoisonné mon exis-
tence! et... voulez-vous que je vous le dise? eh bien, vous y
avez été pour quelque chose, en votre qualité de pharmacien...

MOUTONNET, avec un ton de doux reproche, de plus en plus irritant.

Ah! monsieur, ne fût-ce que par égard pour votre beau-père,
vous devriez respecter mon âge, qui est aussi son âge, et mes cheveux blancs, qui...

FONTELAIS.

Qui sont aussi les siens?... vous avez donc les mêmes cheveux?

MOUTONNET.

Ah! fi! monsieur...

FONTELÀIS, exaspéré.

C'est que, ma parole d'honneur, je trouve qu'on abuse un peu des cheveux qu'on a en moins et des années qu'on a en trop.

MOUTONNET.

Monsieur, il me semble...

FONTELAIS.

Je ne vous parle pas... je parle à mon beau-père ; et je lui dis qu'on doit avoir les qualités de la vieillesse, quand on en veut avoir les prérogatives, et qu'un acte de naissance ne peut pas tenir lieu de tous les mérites.

MOUTONNET, d'un ton qui devient de plus en plus pincé.

Mais, monsieur...

FONTELAIS, même jeu.

Je ne vous parle pas, je parle à mon beau-père... c'est qu'en vérité, il y a des gens étonnants sur le globe... Ils s'imaginent que l'âge et les infirmités peuvent tout remplacer... Pourquoi seraient-ils bons ? ils ont une gastrite... Indulgents ? ils ont des rhumatismes... Reconnaissants ? ils ont la goutte... Fous qui se croient sages, parce que, depuis soixante ans, ils font des folies ; ignorants qui se croient instruits, parce qu'ils n'ont rien appris depuis soixante ans ; niais, qui se croient de l'esprit, parce que depuis soixante ans, ils débitent des sottises ; ânes bâtés enfin, qui nient qu'ils soient des ânes, sous prétexte qu'il y a soixante ans qu'ils ont commencé à braire !

MOUTONNET, qui vingt fois a voulu parler, et que la colère étrangle, oubliant alors le plan qu'il s'est tracé.

Monsieur ! monsieur !

FONTELAIS.

Je ne vous parle pas, vous dis-je, je parle à mon beau-père.

MOUTONNET.

Ce n'est pas vrai.

FONTELAIS.

Monsieur Moutonnet!

MOUTONNET.

La goutte! des rhumatismes... vous saurez, monsieur, que je n'ai rien de tout cela et que les hommes de mon temps valaient bien les hommes du vôtre.

FONTELAIS.

C'est mon avis.

MOUTONNET.

Race débile et rachitique !

FONTELAIS.

Ce n'est pas pour moi que vous dites cela.

MOUTONNET.

J'ai bon pied, bon œil...

FONTELAIS.

Tant mieux!

MOUTONNET.

La goutte! mais monsieur, au dernier bal de la préfecture, j'ai dansé jusqu'à cinq heures du matin. (Criant.) Entendez-vous?

FONTELAIS, se bouchant les oreilles.

Oui!

SCÈNE XI

Les Mêmes, RENÉ *.

RENÉ, entrant une lettre à la main.

Mon ami ! mon ami !

FONTELAIS.

Bon, à l'autre.

RENÉ.

Lis la lettre que je viens de recevoir.

FONTELAIS.

C'est ton congé, je le savais.

RENÉ.

Tu le savais?

MOUTONNET, revenant sur Fontelais.

La goutte!

RENÉ, même jeu.

Tu le savais, et tu n'as rien dit?

MOUTONNET, même jeu.

Des rhumatismes!

FONTELAIS.

Comment me débarrasser de ces gens-là. (Il remonte.)

RENÉ, de même

Mais parle-moi donc. (Apercevant enfin Moutonnet; à Paul.) Quel est ce monsieur?

FONTELAIS.

M. Moutonnet père.

RENÉ, faisant un bond.

Ah!...

FONTELAIS, à part.

Qu'ils s'arrangent tous les deux.

MOUTONNET, poursuivant Fontelais.

La goutte...

RENÉ, courant à Moutonnet, lui saisissant le bras et le faisant descendre.

C'est donc votre fils, monsieur, qui veut m'enlever la main de mademoiselle Blanche?

MOUTONNET.

Monsieur, je ne vous parle pas.

RENÉ, furieux.

Et vous croyez que je souffrirai?...

7.

MOUTONNET.

Laissez-moi tranquille !

RENÉ.

Où est-il votre fils ? où est-il ? oh ! je le chercherai, je le trouverai !

SCÈNE XII

LES MÊMES, ONÉSYME, un gros bouquet à la main.

ONÉSYME, entrant.

Me voilà !

RENÉ, courant à lui *.

Ah ! enfin ! monsieur, vous allez à l'instant renoncer à mademoiselle Blanche, ou je... (Après l'avoir examiné, changeant de ton tout à coup.) Ah ! mon Dieu ! mais je ne peux pas me battre avec un gringalet de cette espèce-là.

ONÉSYME, ahuri d'abord et grimpant tout à coup sur ses ergots.

Gringalet !

MOUTONNET.

Onésyme.

ONÉSYME, hors de lui.

Il m'a appelé gringalet !

RENÉ, marchant avec agitation.

Il ne faut pas qu'il l'épouse, cependant.

ONÉSYME, le poursuivant.

Monsieur, vous me rendrez raison.

RENÉ, même jeu.

Non, non, personne ne me l'enlèvera !

ONÉSYME, même jeu.

Vous vous battrez avec moi.

* René, Fontelais, à la cheminée, Onésyme, Moutonnet.

MOUTONNET, voulant l'arrêter.

Onésyme!

RENÉ, de même.

Quand je devrais mettre le feu à la maison.

FONTELAIS, sautant.

Hein?

ONÉSYME, de même.

Vos témoins!... votre adresse.

RENÉ.

Allez au diable!

ONÉSYME, écumant.

Vous vous battrez.

RENÉ, marchant toujours.

Allez au diable, vous dis-je!...

ONÉSYME.

Ah! c'est comme ça?... (Lui jetant son bouquet dans le dos.) Eh bien, v'lan! (Serrant les poings.) Gringalet!

RENÉ, ramassant le bouquet.

Vous y tenez absolument... Eh bien soit! je vous tuerai. (Il lui jette à son tour le bouquet au nez.)

SCÈNE XIII

LES MÊMES, BELJAMES, MARTHE, et BLANCHE,

attirés par le bruit.

MOUTONNET, hurlant.

Tuer mon fils!...

BELJAMES, entrant.

Tuer le fils de mon ami?

FONTELAIS, ahuri descendant à gauche.

Ils me rendront fous comme eux.

MOUTONNET.

Oui... voilà le mari que monsieur voulait te donner pour gendre.

RENÉ, à Beljames.

Monsieur, au nom du ciel.

MOUTONNET.

Un duelliste, un bretteur, un spadassin !

RENÉ, de même.

Ayez pitié de moi !

ONÉSYME, agité d'un tremblement convulsif.

Gringalet !

BELJAMES, à René.

Sortez, monsieur !

BLANCHE, qui entrait, courant à Beljames.

Mon père !

RENÉ.

Mademoiselle Blanche !

BELJAMES.

Je vous défends de lui parler.

RENÉ, suppliant.

Mais je l'aime ! je l'aime !

BELJAMES.

Sortez, vous dis-je. (A Fontelais.) Faites-le sortir, monsieur... (Prenant Marthe dans ses bras.) Ou je maudis ma fille.

MARTHE.

Oh !...

RENÉ, désespéré.

Je pars, monsieur, mais je reviendrai. (Il sort.)

BELJAMES, marchant avec agitation.

Ah! il reviendra! eh bien, je lui prouverai, (à Fontelais) je vous prouverai à vous-même que, quoique trahi par le sort, je suis toujours le père de ma fille!... Blanche, embrassez votre futur mari.

BLANCHE.

Jamais.

FONTELAIS.

Très-bien.

BELJAMES.

Jamais! avez-vous dit?

BLANCHE, pleurant.

Oui papa... je me révolte à la fin... je n'embrasserai pas monsieur, et je n'épouserai pas monsieur, parce que je ne l'aime pas, parce que je le déteste!

ONÉSYME.

Ah! c'est ainsi!... eh bien, c'est sur lui que je me vengerai... des témoins! des témoins! (Il sort.)

MOUTONNET.

Onésyme! Onésyme, pense à ton père qui t'aime. (Il sort.)

BELJAMES, que la colère empêche de parler.

Oser me parler ainsi, à moi, son père... (A Fontelais.) Tenez, monsieur, c'est vous qui êtes cause de tout! Dans un instant, vous aurez mon ultimatum... (Il emmène Marthe; ils sortent par le fond à gauche.)

SCÈNE XIV

FONTELAIS, BLANCHE, puis SUZANNE, puis BAPTISTE.

FONTELAIS, tombant dans un fauteuil.

Et tout cela, la veille d'une liquidation! je ne peux plus vivre ainsi.

BLANCHE.

Moi non plus... d'abord, plutôt que d'épouser M. Onésyme, j'aimerais mieux... aller au bout du monde!

FONTELAIS.

Au bout du monde! c'est une idée! j'y conduis Marthe.

BLANCHE.

Eh bien, et moi?

FONTELAIS.

Je t'emmène.

BLANCHE.

Oh! quittér papa et maman?

FONTELAIS.

Ah! voilà... je ne les emmène pas, eux.

BELJAMES.

Mais alors...

FONTELAIS.

Alors, quoi? épouse M. Onésyme Moutonnet.

BLANCHE.

Non, non, jamais... je m'abandonne à toi.

FONTELAIS.

Alors, c'est entendu! je vous enlève toutes les deux. (Il sonne à tour de bras.)

SUZANNE, entrant.

Monsieur, le fiacre est au coin de la rue des...

FONTELAIS.

Eh bien, fais porter sur ton fiacre la malle de mademoiselle.

BLANCHE.

Oui, viens, Suzanne. (Elles sortent à gauche. Baptiste entre de droite.)

FONTELAIS, l'apercevant.

Baptiste... apporte mon sac de nuit. (Baptiste sort. Fontelais remonte et va s'asseoir devant la table.)

SCÈNE XV

FONTELAIS, seul, puis JULIEN.

FONTELAIS.

C'est nous qui allons nous installer rue Léonie, un mot à Marthe pour lui dire où elle devra nous rejoindre.

JULIEN, entrant.

Monsieur, une lettre de madame Beljames.

FONTELAIS.

De ma belle-mère... donne donc vite, malheureux... (Tout en l'ouvrant.) Elle a réfléchi... elle m'envoie des notes diplomatiques, nous aurons la paix pour le printemps! (Il lit.) « Monsieur, il est nécessaire que nous ayons une dernière entrevue... si à la suite de ce nouvel effort de notre part, pour amener une solution pacifique, vous n'acceptiez pas les conditions que notre dignité et notre âge... » Voilà les cheveux qui reviennent. (Reprenant.) « Et notre âge, nous forcent à vous dicter, alors, monsieur, nous nous verrions forcés de prendre un parti... Marthe, éclairée à cette heure sur votre conduite, redeviendrait notre enfant et vous ne reverriez jamais votre femme. » Qu'ai-je lu?.. et là, plus bas, de la main de Marthe, « jamais? » (Avec douleur.) Ah! c'est bien mal! c'est indigne! Pendant que je cherchais à faire leur bonheur ils détruisaient le mien, ils m'enlevaient le cœur de ma femme... de ma chère petite Marthe! oh! c'est indigne! (Il déchire la lettre qu'il écrivait un instant avant. La nuit commence à venir.)

SCÈNE XVI

FONTELAIS, BLANCHE, puis SUZANNE, BAPTISTE, et JULIEN.

BLANCHE, entrant et mystérieusement.

Paul, les bagages sont sur la voiture.

FONTELAIS, à part.

Ah! c'est comme cela. Eh bien, c'est bon !... (Montrant Blanche.) J'ai mon otage aussi, moi.

BLANCHE.

Eh bien, et Marthe ?

FONTELAIS, essuyant une larme à la dérobée.

Elle nous rejoindra... partons.

SUZANNE, pleurant.

Eh bien, et moi, monsieur ?

FONTELAIS.

Toi ?

SUZANNE.

Il faut bien une femme de chambre à mademoiselle... oh! emmenez-moi.

FONTELAIS.

Soit... (Baptiste et Julien sont rentrés.)

BAPTISTE.

Monsieur ! je ne voudrais pas dire du mal de M. Beljames...

FONTELAIS.

Je te comprends... je t'emmène.

JULIEN, vivement.

Monsieur, monsieur, votre beau-père m'a jeté ce matin une chaise à la tête.

FONTELAIS.

Eh bien je t'emmène aussi, je vous emmène tous... ils veulent faire la solitude autour de moi, eh bien, je la ferai autour d'eux... Partons, Blanche, viens ma petite sœur!... (Suzanne et Baptiste sont sortis; Julien reste à la porte de droite et écoute.)

BLANCHE.

Je reverrai papa et maman...

FONTELAIS.

Demain.

BLANCHE.

Et j'épouserai M. René.

FONTELAIS.

Après-demain.

JULIEN, à Fontelais.

J'entends M. Beljames.

FONTELAIS, entraînant Blanche.

Viens vite, Blanche, partons... (Ils sortent, Julien les suit; la nuit est venue progressivement, M. et madame Beljames paraissent à la porte du fond à droite, ils regardent autour d'eux.)

SCÈNE XVII

M. et MADAME BELJAMES, puis GERVAIS.

BELJAMES, regardant à droite et à gauche.

Il n'est pas encore là. (Il s'assied à gauche de la cheminée.)

MADAME BELJAMES, s'asseyant à droite.

Oh! il viendra... soyez tranquille... nous le tenons maintenant que Marthe est notre alliée...

BELJAMES.

Pauvre enfant! sans nous que serait-elle devenue?

MADAME BELJAMES.

Ah!

BELJAMES.

Je reconnais là le doigt de la Providence; c'est elle qui a voulu que je jouasse sur les cotons, que je perdisse, et que nous vinssions ici pour sauver notre enfant. (Il sonne; un silence; avec impatience.) Ah çà, mais il se fait bien attendre, ce monsieur... (Il sonne.)

MADAME BELJAMES.

Honoré? n'oublie pas ce dont nous sommes convenus pour les domestiques. Tu sais... tous chassés.

BELJAMES.

Sois tranquille. (Madame Beljames sonne; un temps; impatience des deux personnages.)

MADAME BELJAMES.

D'abord, je veux que chaque jour ils m'apportent leurs livres.

BELJAMES.

Et moi, je prétends avoir les clefs de la caisse... Il faut savoir où passe l'argent! (Il sonne; même jeu.)

MADAME BELJAMES.

Ici tout est sacrifié au luxe.

BELJAMES.

Et encore, à un luxe inutile... il n'a pas seulement une maison de campagne, quand toi et moi nous aurions tant besoin d'air! (Ils regardent autour d'eux; ne pouvant plus y tenir, ils tirent avec violence les cordons de sonnette. Gervais entre sans bruit, sa casquette à la main.)

MADAME BELJAMES.

Ah! çà... mais...

BELJAMES.

Il n'y a donc plus personne, ici? (Il aperçoit Gervais.

GERVAIS, humblement.

Non, monsieur...

M. et MADAME BELJAMES.

Hein?

GERVAIS.

Et alors je suis monté voir si monsieur et madame avaient besoin de moi.

BELJAMES.

Il n'y a plus de domestiques ici?

GERVAIS.

Non, monsieur, il n'y a plus dans l'hôtel que le cocher et moi...
Ils sont tous partis avec M. Fontelais et mademoiselle Blanche.

BELJAMES.

Qu'est-ce que ça veut dire?

GERVAIS.

Je l'ignore, monsieur; tout ce que je sais, c'est que j'ai vu monsieur qui montait dans une voiture avec mademoiselle, et monsieur
a dit à mademoiselle : « c'est fini, Blanche, je t'enlève! »

BELJAME, avec un cri.

Ciel !

MADAME BELJAMES, de même.

Ma fille! (Beljames tombe épuisé à droite, madame Beljames est en train
de s'évanouir à gauche)

GERVAIS, ému de tant de douleur.

Si M. et madame veulent partager mon dîner ? (M. et madame Beljames rebondissent dans leur fauteuil.)

ACTE QUATRIÈME

A l'hôtel de mademoiselle Fanny. — Un salon très-élégant. — Portes au fond ; entre les deux portes du fond, une riche console surmontée d'une glace sans tain laissant voir dans une autre pièce formant boudoir. — A droite et à gauche, premier plan, une porte. — Deuxième plan, à droite, une cheminée. — Deuxième plan, à gauche, une fenêtre, entre la porte et la fenêtre, un paravent entourant un guéridon et deux fauteuils. — Ameublement du demi-monde. — Le strict superflu.

SCÈNE PREMIÈRE

BLANCHE, SUZANNE, FONTELAIS.

Blanche est endormie dans le fauteuil à gauche. Au lever du rideau, Fontelais est près de la porte de droite, Suzanne est près du paravent.

FONTELAIS, à demi-voix.

Eh bien ?

SUZANNE.

Eh bien, monsieur, mademoiselle dort encore.

FONTELAIS, descendant en scène *.

Pauvre petite, une nuit tout entière passée dans ce méchant fauteuil, elle doit-être brisée.

SUZANNE, regardant Blanche.

Oh ! il n'y paraît pas monsieur, voyez comme mademoiselle a le sommeil paisible.

* Blanche, Suzanne, Fontelais.

FONTELAIS.

C'est vrai... Il paraît que tous les campements sont bons pour les volontaires de l'amour.

SUZANNE.

Mais au fait, monsieur, pourquoi donc n'avez-vous pas permis à mademoiselle de prendre cette jolie chambre à coucher aux tentures de lis et de roses que...

FONTELAIS, gravement.

Parce que les fleurs, Suzanne, ont de dangereux parfums.

SUZANNE, riant.

Les fleurs en soie aussi ?,

FONTELAIS.

Les fleurs en soie surtout. (Suzanne prend la lampe et la pose sur la cheminée.) Les souvenirs s'y sont logés, et, la nuit venue, les souvenirs s'éveillent... Alors, le lis dit à la rose... et voilà justement ce que j'ai voulu éviter... Ah! ma chère petite Blanche n'aurait pas dû entrer ici, c'est évident; mais... j'avais perdu la tête. (Blanche fait un mouvement.)

SUZANNE.

Ah! monsieur, mademoiselle ouvre les yeux.

FONTELAIS.

Très-bien... Laisse-nous, Suzanne. (Suzanne s'en va.)

SCÈNE II

FONTELAIS, BLANCHE.

Blanche ouvre les yeux, regarde autour d'elle et aperçoit Fontelais qui passe à gauche, et va s'asseoir *.

BLANCHE.

Tiens !

* Fontelais, Blanche.

FONTELAIS.

Boujour, ma petite Blanchette. (Il lui prend la main.)

BLANCHE.

Est-ce que tu es là depuis longtemps ?

FONTELAIS.

Non, j'arrive... As-tu bien dormi ?

BLANCHE.

Oh! oui... et bien rêvé... J'ai rêvé de papa, de maman, de Marthe, et...

FONTELAIS.

Et de René ?

BLANCHE.

Encore plus...

FONTELAIS, riant.

Eh bien, à la bonne heure.

BLANCHE.

C'est la vérité... Tu ne veux pas que je mente?

FONTELAIS.

Certes, non.

BLANCHE.

Je reverrai bientôt papa et maman, n'est-ce pas?

FONTELAIS.

Oui, oui, va... sois tranquille, tu ne passerais pas une seconde nuit ici.

BLANCHE, se levant.

Ah! tant mieux... Et M. de Norguet, le verrons nous aussi ?

FONTELAIS.

Naturellement.

BLANCHE.

Est-ce qu'il viendra ici tantôt ?

FONTELAIS.

Mais j'espère bien que non ?

BLANCHE.

Ah! pourquoi donc ça ?

FONTELAIS.

Pourquoi donc ça? mais... parce que... chère enfant, il faut bien à la fin que j'aille à mes affaires, n'est-ce pas? Eh bien, moi sorti, tu seras seule, et alors...

BLANCHE.

Justement; il m'aurait tenu compagnie.

FONTELAIS, après un demi-sourire.

C'est vrai... Eh bien, je n'y avais pas pensé.

BLANCHE.

C'est très-dommage.

FONTELAIS, se levant.

C'est-à-dire que c'est désolant... d'autant plus désolant que, par une maladresse inexplicable, non content de lui avoir caché le lieu de ta retraite, j'ai encore eu le soin de recommander qu'on lui refusât la porte pour le cas où il se présenterait ici.

BLANCHE.

Ah! mais ça n'a pas de nom.

FONTELAIS.

Ça n'en a pas.

BLANCHE.

Vite, il faut donner contr'ordre.

FONTELAIS.

Il est trop tard, hélas!... car l'infortuné s'est déjà présenté deux fois ce matin, et deux fois il a été repoussé... avec perte.

BLANCHE, avec chagrin.

Ah! ce pauvre jeune homme! que va-t-il penser? je te le demande ?

FONTELAIS, gravement.

Je me le demande moi-même avec terreur.

BLANCHE, boudant.

Ah ! on dirait vraiment que vous vous moquez de moi.

FONTELAIS.

Par exemple !

BLANCHE.

Ah! après tout, ça m'est égal, comme je suis sûre qu'il reviendra, et tiens, c'est bien simple ! (Elle prend la chaise sur laquelle Fontelais s'est assis ; allant à la fenêtre.) Je vais me poster là, et, dès que j'apercevrai M. René, je lui ferai signe.

FONTELAIS.

Excellente idée !

BLANCHE.

N'est-ce pas ?

FONTELAIS.

Oui ! (A part.) Décidément, après le vice, il n'y a rien de plus audacieux que la vertu.

BLANCHE, poussant un cri.

Ah !

FONTELAIS.

Quoi !

BLANCHE.

Non ! (Elle continue de regarder à travers les rideaux.)

FONTELAIS, descendant.

Au moins, me voilà fixé, moi, je sais que je ne dois pas bouger d'ici... Allons! allons ! il ne me reste plus qu'à me retirer des affaires... voilà ma situation ! (Au public.) A vendre : « Une bonne charge d'agent de change ; on offre des facilités ! »

SCÈNE III

LES MÊMES, RENÉ DE NORGUET *.

La porte du fond s'ouvre tout à coup, et René paraît.

RENÉ, sur le seuil.

Peut-on entrer ?

BLANCHE, avec un cri, et se levant.

Ah !

FONTELAIS, étonné.

René !

RENÉ.

Moi-même... Ah ! ça n'a pas été sans peine ; mais enfin, je suis dans la place. (Il salue Blanche.)

FONTELAIS.

Eh bien, et ma garnison ? qu'est-ce que tu as fait de ma garnison ?

RENÉ, gaiement.

J'en ai soudoyé une partie... j'ai acheté Baptiste !

BLANCHE, battant des mains.

Ce bon Baptiste !

FONTELAIS, l'imitant.

Ce bon Baptiste !... c'est joli, mademoiselle.

RENÉ.

Chère Blanche !

FONTELAIS.

Mais on n'est plus en sûreté ici.

RENÉ.

Je vous revois donc enfin.

* Blanche, René, Fontelais.

8

BLANCHE.

Oh ! je vous attendais, monsieur René, je savais bien que vous reviendriez, moi... n'est-ce pas, Paul ?

FONTELAIS.

Elle invoque mon témoignage encore !... (A René.) Ah çà, corrupteur que tu es, me donneras-tu, du moins, des nouvelles de l'ennemi ?

RENÉ.

Oui, et de terribles... d'abord, M. et madame Beljames connaissent, comme moi, le lieu de votre retraite.

FONTELAIS.

Bah ?

RENÉ.

Oui, ils l'ont appris du cocher qui vous a amenés ici, et dont ton suisse, Gervais, avait retenu le numéro.

FONTELAIS.

Ensuite ?

RENÉ.

Ils sont furieux... Ils ne rêvent plus que tribunaux.

BLANCHE.

Ah ! mon Dieu !

RENÉ.

Dans un instant, ils vont venir te faire des sommations d'abord, et, si les sommations n'ont pas le résultat qu'ils désirent, eh bien, ils lanceront à tes trousses des gens de toutes les robes et de tous les bonnets, toute une meute d'hommes de lois, d'hommes d'affaires qu'ils tiennent déjà en laisse à cette heure.

FONTELAIS.

Charmant ! très-gentil ! Et tout cela m'arrive quand ? le jour de ma fête ! c'est le cadeau de la Providence ! (Il va s'sseoir à droite.)

BLANCHE.

C'est aujourd'hui ta fête?

FONTELAIS.

Toute la journée... nous avons le temps de nous divertir.

BLANCHE.

Ta fête... (Allant à Fontelais, se jetant à son cou et l'embrassant.) Voilà mon bouquet.

FONTELAIS.

Chère petite!... (Tristement.) C'est égal, il me manque un bouquet de l'autre côté. (René va à lui et lui serre la main.)

BLANCHE.

Veux-tu que?...

FONTELAIS, l'arrêtant doucement.

Non .. Blanchette... Tu comprends? la place est réservée... à quelqu'un de la famille.

BLANCHE, avec un sourire d'intelligence.

Marthe?...

FONTELAIS.

Mais pour en revenir aux hommes de lois... (A René.) Je te dirai que je n'y crois pas.

RENÉ.

Mais puisque je te répète...

FONTELAIS.

Non, non... Tu es fou... il est impossible que M. et madame Beljames...

LA VOIX DE BELJAMES, dans la coulisse.

Répétez bien nos paroles.

MADAME BELJAMES, de même.

Et mot pour mot...

_____

* René, Fontelais, Blanche.

RENÉ.

Ce sont eux.

BLANCHE.

Oui ; c'est la voix de papa et de maman.

RENÉ, à Fontelais.

Que te disais-je ?

FONTELAIS.

Eh bien, quoi ? Ils apportent la branche d'olivier.

SCÈNE IV

LES MÊMES, JULIEN.

JULIEN, à demi-voix.

Monsieur.

FONTELAIS, à René.

Tu vas voir.

JULIEN.

C'est M. et madame Beljames ; ils m'ont chargé de dire à monsieur...

FONTELAIS.

Eh bien ?

JULIEN.

Pardon, monsieur, c'est que M. Beljames prétend qu'il est de la dernière importance que je rapporte fidèlement ses paroles à monsieur.

FONTELAIS.

Eh bien, rapporte.

JULIEN.

Je cherche à me souvenir... Ah ! j'y suis !... (Récitant.) « M. et madame Beljames, qui auraient le droit d'ordonner, veulent bien condescendre à essayer d'abord de la prière, (cherchant) de la prière... ah ! « Ils exigent donc de M. Fontelais... la faveur de quelques instants d'entretien (appuyant) avant d'agir. » Voilà, monsieur, mot pour mot.

FONTELAIS, très-agité, se lève.

¯ René avait raison ! Ça sent les hommes d'affaires, l'action s'engage.

BLANCHE.

Ah ! Paul, je vais les embrasser.

FONTELAIS, l'arrêtant.

Hein ?... mais souviens-toi donc, petite malheureuse, que tu es mon seul otage... si je te perds, je ne pourrai plus rien, ni pour toi, ni pour René.

RENÉ.

Il a raison, chère Blanche.

BLANCHE.

Vous croyez ?

FONTELAIS.

Parbleu ! c'est clair ? Laisse-moi donc faire... Tiens, entre là... (Il montre la porte à droite, premier plan.)

BLANCHE.

Mais...

FONTELAIS.

Entre, te dis-je, ou nous sommes tous perdus ! (A René.) Ah ! toi, tu ne peux pas rester ici non plus.

RENÉ.

C'est juste... (Il se dirige du même côté que Blanche.)

FONTELAIS, l'arrêtant.

Eh bien, eh bien ?... (Il le pousse de l'autre côté ; Blanche fait à son tour un mouvement de ce côté-là ; même jeu, à Blanche.) Bon ! à l'autre !... par ici, Marianne, par ici, Valère ! (Il les sépare, pousse René à gauche et Blanche à droite ; à lui-même.) Je joue les *Dorine,* à présent... (A Julien.) Fais entrer.

JULIEN.

Oui, monsieur. (Il va ouvrir la porte du fond pour introduire M. et madame Beljames.)

SCÈNE V

FONTELAIS, M. et MADAME BELJAMES.

M et madame Beljames entrent gravement, tous deux ont l'air morgue et pincé.

FONTELAIS, à part.

Ah! vous voulez m'intimider, cher beau-père; eh bien, nous allons voir.

JULIEN, annonçant.

M. et madame Beljames. (Fontelais s'incline très-bas, M. et madame Beljames lui rendent un salut glacial.)

FONTELAIS, allant à eux.

Monsieur Beljames... belle-maman, combien je suis heureux... Donnez-vous donc la peine de vous asseoir, je vous en prie! (Il avance un fauteuil à Beljames, qui s'assied près de la cheminée; il présente une chaise à madame Beljames, puis la retire et lui offre un fauteuil; madame Beljames s'assied et échange un coup d'œil d'intelligence avec son mari. Madame Beljames va pour parler, Fontelais va vivement chercher un petit tabouret qu'il place sous les pieds de madame Beljames.) Veuillez me permettre, madame... (Nouveau coup d'œil entre M. et madame Beljames; madame Beljames va pour prendre la parole; Fontelais va vivement à la cheminée.) Le feu pourrait vous incommoder? (Il déploie l'écran.) Ce feu est bien ardent! (Il se place devant la cheminée. Beljames se mouche, prend une prise de tabac, et ouvre la bouche pour parler.)

FONTELAIS, vivement.

Mais j'y songe, madame, si vous le désiriez, on pourrait ouvrir la fenêtre.

BELJAMES, se levant tout à coup.

Mon gendre, vous êtes un impertinent!

MADAME BELJAMES.

Oui, un impertinent! (Beljames sort précipitamment, madame Beljames le suit, le visage pourpre de colère.)

SCÈNE VI

FONTELAIS, puis BLANCHE et RENÉ.

FONTELAIS.

Au moins, ça n'a pas été long, et la déclaration de guerre est signée... (Blanche et René paraissent ; continuant, très-agité.) La guerre, soit ! puisqu'ils la veulent !... c'est trop fort, quand tous les torts sont de leur côté, se présenter ainsi devant moi avec ces regards chargés de haine !... Ceci passe les bornes ; mais nous verrons bien !... Ils m'ont aliéné le cœur de ma femme, ils font mon malheur et voudraient faire celui de Blanche !... cela ne sera pas... je lutterai contre eux, je lutterai, s'il le faut, contre la terre entière... je ne veux plus les voir, je ne les connais plus !... ce sont des méchants, des orgueilleux, des égoïstes et des ingrats !... (Blanche voulait parler, elle adressait à Fontelais des regards suppliants que celui-ci ne voyait pas ; aux derniers mots, la jeune fille n'y tient plus et éclate en sanglots.)

RENÉ, avec désespoir.

Ah ! Paul !... vois, tu la fais pleurer.

FONTELAIS, la prenant dans ses bras.

Blanche, mon enfant, qu'as-tu ? que t'ai-je dit ? que t'ai-je fait ?

BLANCHE, à travers ses larmes.

Rien, rien... mais je suis bien malheureuse !... Tu comprends !... ce sont mes parents à moi... je ne les jugeais pas... je les aimais !... on ne m'avait jamais dit... et maintenant... (Ses sanglots redoublent.) Mon Dieu ! mais on ne pourra donc plus s'aimer dans la famille !... Oh ! j'étouffe !... j'étouffe ! (Elle tombe sur un siége.)

RENÉ, pleurant.

Blanche !...

FONTELAIS, avec une grande émotion.

Blanche, bon petit cœur ! pardonne-moi d'avoir fait couler tes saintes larmes !.. j'ai été cruel !... je ne devais pas dire... ce sont tes parents... ils sont bons!... et tu dois les aimer!... vois-tu, les hommes sont injustes!... pour un rien, ils veulent de la reconnaissance!... j'ai eu tort!... il n'y a de méchant que moi!

BLANCHE, souriant, au travers de ses larmes.

Non, non, tu es bon aussi, vous êtes tous bons!

FONTELAIS, lui essuyant les yeux.

Eh bien, oui, oui, nous sommes tous bons!... et toi, tu es un petit ange...

RENÉ, baisant la main de Blanche.

O ma Blanche chérie!...

FONTELAIS.

Ne pleure plus... j'irai les trouver!... je leur sauterai au cou, je les embrasserai!... et l'on s'aimera encore dans la famille.

BLANCHE, avec un gros soupir de soulagement.

Ah! je suis bien heureuse, maintenant!...

RENÉ, avec passion.

Ma femme!...

BLANCHE, se détournant de lui.

Ah! non, ne me regardez pas, j'ai les yeux trop rouges! (Mouvement de René; toute confuse.) Je vais revenir. (Elle sort, premier plan à droite.)

SCÈNE VII

FONTELAIS, RENÉ et aussitôt MOUTONNET.

FONTELAIS, prenant son chapeau.

Pauvre petite!... elle m'a tout ému, et pour elle, je suis bien décidé... je ne veux pas même réfléchir... (Riant.) Je vais faire des soumissions à mon beau-père!

RENÉ.

Tu as raison!

MOUTONNET, qui a entendu.

Arrêtez, cher monsieur Fontelais *.

FONTELAIS.

Monsieur Moutonnet.

RÉNÉ.

Lui, ici!

MOUTONNET.

M. Beljames ne les accepterait plus!

FONTELAIS.

Vous osez vous présenter chez moi!

MOUTONNET.

Permettez.

FONTELAIS.

Vous, le mauvais génie de ma maison!

MOUTONNET.

Par grâce, daignez m'écouter.

RENÉ.

Vous qui avez voulu m'enlever mademoiselle Blanche!

MOUTONNET.

Monsieur de Norguet.

RENÉ.

Pour la donner à votre fils, qu'elle déteste!... car elle le déteste, entendez-vous?

MOUTONNET, très-calme.

Parfaitement. . et je comprends très-bien cela.

RENÉ.

Bah?

MOUTONNET, à Fontelais.

Mais, Onésyme est un sot qui ne saurait entrer en lutte une se-conde, avec un gentilhomme aussi accompli que M. René.

' René, Moutonnet, Fontelais.

FONTELAIS.

Hein ?

MOUTONNET.

Mais mademoiselle Blanche aime M. René, et je la comprends ; mais elle ne peut pas souffrir Onésyme, et je l'approuve ! mais j'entre tout à fait dans vos plans ! c'est-à-dire que je suis à vous, corps et âme, et de pied en cap !

FONTELAIS, à part.

Ah çà, mais, je n'y comprends plus rien... on m'a changé mon Mout... non, le Moutonnet de mon beau-père...

MOUTONNET, avec intérêt.

Ah ! la calomnie ne vous a point épargné, mon cher monsieur Fontelais ! on vous voyait venir tous les jours rue Léonie, chez une danseuse...

FONTELAIS.

Mais c'était pour acheter sa maison.

RÉNÉ.

Sans doute.

MOUTONNET.

C'est ce que j'ai dit ! mon pauvre ami... Savez-vous ce qu'ils m'ont répondu les... les Beljames?... Ils m'ont dit: « S'il a acheté l'hôtel, c'est pour dérouter les soupçons, c'est qu'il a donné à sa danseuse un palais en échange. »

FONTELAIS.

Ils ont dit cela devant ma femme ?

MOUTONNET.

Devant elle, oui mon ami.

FONTELAIS.

Et... ma femme l'a cru ?

MOUTONNET.

Que voulez-vous ?... votre pauvre petite femme, ils lui ont complétemént tourné la tête ; et ils ont fini par la faire consentir à une séparation...

FONTELAIS, furieux.

Mais ce sont donc... (Regardant autour de lui.) Blanche n'est pas là ?... (Reprenant.) Ce sont donc des diables déchaînés ?   -

MOUTONNET.

Ah ! ils sont fort aigris ! fort aigris !... et, c'est pour cela que j'ai cru devoir vous empêcher tout à l'heure... mais nous les ramènerons, je vous le jure... car je suis tout à vous, vous dis-je... et, pour commencer, je vous donne ma parole d'honneur que jamais Onésyme n'épousera mademoiselle Blanche. (Il tend la main à René.)

RENÉ.

Monsieur.

MOUTONNET, avec sentiment.

Je ne me consolerais jamais d'avoir fait le malheur de cette douce enfant.

FONTELAIS, qui marchait, avec agitation.

Marthe aurait consenti ?... sa faiblesse pour ses parents l'aurait emporté sur son amour pour moi, c'est impossible ; et je suis bien sûr qu'aux premiers mots que je pourrai lui dire... (Il prend son chapeau.)

RENÉ.

Où vas-tu ?

FONTELAIS.

Chez moi... Marthe doit y être seule, et je vais, j'en réponds, renverser, d'un baiser, tous les projets de mon beau-père. (Fausse sortie, revenant à René.) Viens avec moi... (A part.) Il faut penser à tout ! (Il vont sortir ; Onésyme paraît.)

SCENE VIII

LES MÊMES, ONÉSYME. Onésyme entre gravement. Il a l'habit boutonné et le chapeau sur la tête *.

ONÉSYME.

M. de Norguet!... ah! je me doutais bien que je vous trouverais ici.

MOMTONNET.

Onésyme!... qu'est-ce qu'il demande celui-là?

ONÉSYME.

Monsieur, vous m'avez jeté mon bouquet à la figure... j'ai consulté des experts; ils m'ont tous déclaré qu'une pareille offense ne se lavait que dans du sang... mes témoins sont en bas.

MOUTONNET.

Allons, bon! voilà qu'il a du courage, même après réflexion ; mais qu'est-ce que c'est que cet enfant-là, mon Dieu!

ONÉSYME, à René.

Eh bien, monsieur?

RENÉ.

Eh bien soit, parbleu! c'est un moyen d'en finir!... (Il remonte.)

MOUTONNET, l'arrêtant.

Monsieur René !

FONTELAIS, à René.

Ne nous arrêtons pas à cela... viens donc...

ONÉSYME, criant.

Vous m'avez jeté mon bouquet à la figure... ma figure veut du sang.

MOUTONNET, allant à Onésyme, et le retenant.

Ah çà, veux-tu te taire !... Et d'abord, depuis quand entre-t-on

---

* Onésyme, René, Fontelais, Moutonnet.

dans un salon le chapeau sur la tête. (Il lui ôte son chapeau.) Tu vas faire à l'instant des excuses à M. de Norguet.

ONÉSYME.

Moi ? Mais papa, on a insulté votre fils.

MOUTONNET.

Eh bien, qu'est-ce que ça fait ?

ONÉSYME, avec éclat.

Comment ? qu'est-ce que ça fait ?

MOUTONNET, bas à Onésyme.

Il y a du nouveau... tout est changé; je te raconterai cela...

ONÉSYME.

Je veux me battre! (A René.) Ah! ah!... parce que vous êtes noble, vous croyez... (Il descend à droite et pose sa canne sur une chaise.)

MOUTONNET.

Mais veux-tu te taire!... Messieurs, de grâce, laissez-moi cinq minutes avec lui...

RENÉ.

Pardon, monsieur, mais...

MOUTONNET.

Je vous en prie! et il vous fera des excuses, je réponds de lui comme de moi-même.

ONÉSYME.

Jamais...

FONTELAIS.

Mais nous ne tenons pas à ses excuses; qu'il nous laisse tranquilles tout simplement.

MOUTONNET.

Cinq minutes!...

RENÉ.

Cinq minutes, soit!

9

FONTELAIS, à René.

Viens vite. (A Moutonnet.) C'est égal, monsieur Moutonnet, vous avez-là un petit garçon bien désagréable. (Ils entrent à droite.)

ONÉSYME, passant à gauche.

Parcequ'il s'appelle de... moi aussi je pourrai m'appeler de Moutonnet.

SCÈNE IX

MOUTONNET, ONÉSYME *.

MOUTONNET, après s'être assuré qu'on ne peut l'entendre, prenant une chaise qu'il avance en scène et s'asseyant.

Imbécile !

ONÉSYME.

Papa ?

MOUTONNET.

Tu ne m'entendais donc pas ! je te dis que tout est changé.

ONÉSYME.

Quoi donc ?

MOUTONNET.

Tu n'épouses plus mademoiselle Beljames.

ONÉSYME.

Ah ! par exemple, papa, c'est trop fort ! mais tu m'as dit de l'aimer; maintenant je l'aime !

MOUTONNET.

Il n'est pas question de ça... tu épouses mademoiselle Bonardel.

ONÉSYME.

La demoiselle qui s'est jetée par la fenêtre ?

MOUTONNET.

La même... son père m'a écrit... elle consent !.. elle aura cent mille francs de dot !

* Onésyme, Moutonnet.

ONÉSYME.

Mais elle a une jambe plus courte que l'autre.

MOUTONNET.

Tu mettras les cent mille francs sous cette jambe-là...

ONÉSYME.

Mais c'est très-désagréable.

MOUTONNET.

Crois-tu donc que si elle n'avait pas ce léger inconvénient, elle consentirait plus qu'autrefois à t'épouser? Et puis, quoi? elle boite un peu? le grand malheur!... est-ce que mademoiselle de la Vallière ne boitait pas?... est-ce que cela a empêché Louis XIV de l'adorer?... Louis XIV te valait bien, je pense...

ONÉSYME.

Il a commis des fautes à la fin de son règne.

MOUTONNET.

Et toi tu n'as fait que des sottises depuis que tu es au monde.

ONÉSYME.

Mais, papa, j'ai été insulté... mes témoins sont dans le fiacre.

MOUTONNET.

Va payer le cocher... voilà cent sous!

ONÉSYME, après les avoir mis dans sa poche, avec fierté.

Papa, je dois me battre.

MOUTONNET.

Ah! c'est ainsi? (Allant prendre la canne et l'agitant tout en parlant à Onésyme.) Onésyme, j'ai toujours été pour toi un bien bon père, n'est-ce pas?

ONÉSYME, reculant.

Oui, papa.

MOUTONNET.

Eh bien, tu ne peux donc me refuser la première chose que je te demande... songe donc, les Beljames n'ont rien... au contraire,

Bonardel te donne cent mille francs! je te les donne aussi... ça te fait dix mille livres de rente.

ONÉSYME.

Mais je n'y gagne rien... vous m'aviez promis de me les faire.

MOUTONNET.

Oui; mais grâce à Bonardel, je n'en ai plus que cinq à te donner; saisis-tu la nuance? maintenant, si tu refuses?...

ONÉSYME.

Si je refuse?

MOUTONNET.

Je te maudis!... et je t'embarque!

ONÉSYME, sautant seulement au dernier mot.

Encore?

MOUTONNET, avec douleur.

Le malheureux! Il redoute plus les paquebots transatlantiques que la malédiction d'un père!

ONÉSYME, lui prenant la canne.

Permettez, papa... mais j'ai réfléchi... on n'embarque pas comme ça... je suis majeur.

MOUTONNET.

Ah! c'est ainsi!... eh bien, de ce jour je cesse de te fournir une pension... Tu travailleras pour vivre...

ONÉSYME.

Moi? (Accablé.) Mais alors, je mourrai de faim...

MOUTONNET.

Pense à Bonardel. (Lui donnant une lettre qu'il fourre dans son habit. Médite sa lettre.. c'est un coup de fortune!... Voyons, fais des excuses, on te les paye dix mille livres de rente!... Dis un mot, et ce soir même, nous retournons chez nous; demain, nous prenons le thé chez les Bonardel, et, dans trois semaines, tu sais, tu es un des notables du Havre.

ONÉSYME.

Oui, toujours.

MOUTONNET.

Eh bien?

ONÉSYME.

Eh bien, dame, puisque je n'ai pas le choix... je ferai ce que tu voudras... j'épouserai la Vallière !

MOUTONNET, avec effusion.

Ah! cher enfant! depuis ta naissance, crois-moi, voilà le premier moment de satisfaction que tu me donnes. (En ce moment, on aperçoit au travers de la glace sans tain placée dans le fond, M. et madame Beljames qui causent avec deux messieurs sévèrement vêtus. L'un des deux les quitte et disparaît à gauche, l'autre s'assied et remue des paperasses pendant ce qui suit. Moutonnet qui vient de los apercevoir.) M. et madame Beljames attention Onésyme... il s'agit de reprendre adroitement notre parole, et de ne point passer à leurs yeux pour des sauteurs.

ONÉSYME, naïvement.

Oh! nous aurons de la peine, papa. (Se frappant le front.) Ah! une idée, si vous leur disiez que je l'ai séduite?

MOUTONNET, avec pitié.

Oh! mon Dieu! est-il possible.

ONÉSYME.

Mais dame...

MOUTONNET.

Allons, les voici, seconde-moi dans la mesure de tes moyens, tais-toi!

ONÉSYME, à lui-même.

Après tout, ça m'est bien égal d'épouser l'autre, pourvu que j'aie la maison de la rue de la Gaffe... J'éleverai des lapins! J'adore les poules. (A partir de ce moment Onésyme se met machinalement à confectionner une gigantesque cocote avec la lettre de Bonardel qu'il a conservée.)

SCÈNE X

LES MÊMES, M. et MADAME BELJAMES.

BELJAMES, en entrant à sa femme.

Il paraît que monsieur notre gendre est absent en ce moment ;
mais peu importe, puisque notre fille n'est pas encore arrivée et
que maître Hochepôt s'en va chercher le projet d'acte qu'il avait
oublié... (Ils descendent en scène.)

MOUTONNET, qui s'est approché *.

C'est vous, mes bons amis.

ONÉSYME.

Bonjour, monsieur Beljames... bonjour, madame Beljames... ça
va bien ?

MADAME BELJAMES, s'asseyant à droite.

Hélas! mon cher enfant!... avec des chagrins toujours, et les
plus cruels de tous, ceux qui nous viennent des gens que nous
aimons.

BELJAMES.

Mon pauvre Moutonnet! crois-tu que nous en avons assez enduré,
hein?

MOUTONNET.

Voyons? voyons, mon ami, entre nous, ton gendre est-il bien
aussi coupable que tu te l'imagines?

BELJAMES.

Lui? mais c'est-à-dire que, comme la plupart des hommes d'argent, il a tout à fait perdu le sens moral.

MADAME BELJAMES.

Vous ne savez pas qu'il nous a presque chassés tout à l'heure.

MOUTONNET, allant à madame Beljames.

Oh! oh! chassés; j'ai peine à le croire...

_____

* Moutonnet, Beljames, madame Beljames, Onésyme.

BELJAMES.

Cela est pourtant .. aussi, sommes-nous bien décidés à en appe-ler de la justice des hommes, contre ce gendre dénaturé.

MOUTONNET.

De grâce, réfléchissez un peu... Madame Fontelais a peut-être encore de l'amour pour son mari.

BELJAMES.

Eh ! c'est là ma crainte.

MOUTONNET.

Eh bien ?

MADAME BELJAMES.

Ah ! du reste ; c'est bien notre faute si elle aime cet homme.

MOUTONNET.

Comment cela ?

MADAME BELJAMES.

Sans doute... dans toutes ses lettres, M. Beljames lui écrivait : « Aime bien ton mari... » Elle aura pris ses paroles au sérieux.

BELJAMES, soupirant.

J'ai été imprudent comme tous les pères... mais, maintenant, grâce à Dieu ! elle commence à voir clair dans la conduite de M. Fontelais.

ONÉSYME, qui ne vient pas à bout de sa cocote.

Mais cependant, puisqu'il ne venait, rue Léonie, que pour acheter la maison ?

BELJAMES.

Chansons que tout cela... et, d'ailleurs, nous avons bien autre chose à lui reprocher.

MOUTONNET.

Quoi donc encore ?

BELJAMES, s'armant de ses lunettes.

Tu le demandes ? mais il s'est mis dans une position terrible à l'égard de Blanche... Maître Hochepôt te le dira, comme il nous l'a dit à nous-mêmes, nous le savions du reste... (Tirant un livre de sa poche, et frappant dessus.) Ces tables de la loi nous avaient éclairés déjà, cette nuit.

MOUTONNET.

Cette nuit ?

BELJAMES.

Oui, cette nuit ; nous ne dormions pas... alors, nous avons rallumé la lampe, et nous avons étudié tous les articles de ce livre vengeur. Les premiers rayons du jour nous ont même surpris, Sophie et moi, assis dans notre lit et le Code à la main.

ONÉSYME, à part.

Eh bien, ils devaient être bons, comme ça.

BELJAMES.

J'ai marqué tous les articles relatifs à cette affaire, en voici un d'abord, qui concerne notre gendre... (Lisant.) « Usurpation d'autorité paternelle... séquestration de mineur. »

MOUTONNET.

Oh ! séquestration, séquestration !

BELJAMES, s'animant.

Oui, séquestration... car enfin, si Blanche avait été libre...

MADAME BELJAMES.

Elle aurait volé vers nous... même enfermée dans une chambre, quelle qu'elle fut, elle aurait sauté par la fenêtre...

BELJAMES.

Or, si elle n'a pas sauté, c'est que sa prison n'a pas de fenêtre ; et s'il n'y a pas de fenêtre à sa prison, c'est que sa prison est une cave.

MADAME BELJAMES.

Un souterrain. (Elle a mis aussi ses lunettes, tirant à son tour un petit Code de sa poche.) S'il nous la rend maintenant.

ONÉSYME, à part.

Tiens, madame Beljames qui en a un aussi.

MADAME BELJAMES, ouvrant le livre à un endroit corné.

Il en sera quitte pour cinq années d'emprisonnement, art. 343.

MOUTONNET.

Oh! voyons? voyons?

ONÉSYME, à part.

Ce qu'il y a de bon, c'est qu'ils ne pensent pas un mot de ce qu'ils disent; c'est tout simplement comme papa, histoire d'ennuyer le monde. (Il remonte peu à peu, pour redescendre à gauche.)

JULIEN, entrant, à Beljames.

Monsieur... votre second homme d'affaires vient de revenir... Il vous fait passer ce papier.

BELJAMES, le prenant.

Ah! donnez... C'est le projet d'acte de séparation. (Il parcourt d'abord en ronronnant; lisant.) « Attendu que le jour même du mariage, sans pitié pour les supplications de M. et madame Beljames; sans égards pour la pudeur de sa jeune femme, il l'a arrachée de la maison paternelle; qu'il l'a conduite dans les pays lointains. (Voyant que Moutonnet ne l'écoute pas, il remonte avec sa femme près de la cheminée.) «Attendu que... »(Il continue à voix basse, madame Beljames suit des yeux.)

SCÈNE XI

LES MÊMES, RENÉ, puis FONTELAIS.

Tous deux entrent par la porte de gauche, en partie masquée par le paravent, pour les personnes qui sont à droite.

RENÉ, entrant, bas à Moutonnet.*

Ah! madame Fontelais n'était pas chez elle!... Paul est désespéré. (Moutonnet qui a tout de suite recommandé à René de parler à voix basse, parlant à demi-voix, lui-même.) Nous arrangerons tout cela, mais d'abord, je

* Onésyme, René, Moutonnet, M. et madame Beljames.

dois vous dire, monsieur, qu'Onésyme... (il lui fait signe de venir, Onésyme vient à lui) qu'Onésyme est heureux et fier de vous adresser ses plus sincères excuses...

ONÉSYME.

O mon Dieu! c'était un malentendu, voilà tout.

FONTELAIS, est entré et s'est assis rêveur sur la chaise placée entre la porte et le paravent, René va à lui; Onésyme remonte au fond; à lui-même *.

Elle a pensé que mon cœur me pousserait vers elle, et elle est partie!

BELJAMES, se levant.

L'acte de séparation est parfaitement rédigé.

FONTELAIS, dressant l'oreille.

Hein ?

BELJAMES.

Et mon gendre est plus noir que de l'encre... Il n'y a plus qu'à signer, et dès que Marthe sera arrivée... (Il va dans le second salon avec madame Beljames; on les voit discuter avec les deux hommes d'affaires.

FONTELAIS, très-ému.

C'est donc bien vrai? Marthe a consenti?... Eh bien, c'est bon. . je n'aurais qu'un mot à dire pour me justifier, mais ce mot, je ne le dirai pas... qu'elle vienne donc! et cet acte, moi aussi, je le signerai... (En ce moment, Marthe et Blanche paraissent à la porte de gauche.)

FONTELAIS, avec force.

Oui... je le signerai... (Tout à coup, et avec douleur en apercevant Marthe.) Ah! je ne pourrai jamais! (Marthe fait un pas en souriant à Fontelais étonné, puis elle retire des plis de son châle un petit bouquet de violettes de Parme.)

MARTHE, lui tendant le bouquet.

Paul !...

FONTELAIS, avec un cri étouffé.

Marthe!... (Il lui ouvre ses bras, fou de joie.) Elle a pensé à la Saint-

---

* Fontelais, René, Onésyme, Moutonnet, M. et madame Beljames.

Paul !... ah ! tu as bien fait, va !... car je souffrais trop !... Regarde moi, mais regarde-moi donc.

MARTHE.

Une larme !...

FONTELAIS.

Oui... elle était là depuis hier... mais ne dis pas que tu m'as vu pleurer... un agent de change... que dirait la chambre syndicale?

BLANCHE, essuyant ses yeux.

Je vais encore avoir les yeux rouges... je suis bien contente !... (Elle embrasse Marthe.)

MOUTONNET, avec sentiment.

Touchante réconciliation ! ah ! je la demandais au ciel du plus profond de mon cœur.

ONÉSYME.

Moi aussi. (Il a terminé sa cocote et la posé sur le velours de la cheminée.)

RENÉ, qui faisait le guet.

Ils reviennent !

MOUTONNET, bas.

Laissez moi faire... Tenez, cachez-vous là, et ne soufflez mot. (Il les pousse tous quatre derrière le paravent dont il replie la dernière feuille.)

FONTELAIS.

Mais nous ne tiendrons jamais tous là dedans.

MARTHE.

Si... en se serrant un peu... (Elle fait asseoir Fontelais, et met ses bras autour de son cou. Moutonnet fait signe à Onésyme d'apporter le petit tabouret qu'il donne à Marthe. Blanche est assise sur ce petit tabouret à leurs pieds ; René est derrière eux.)

BELJAMES, au fond.

Nous sommes parfaitement d'accord... dans un instant, messieurs, nous vous préviendrons. (Descendant avec madame Beljames.) Il est temps d'envoyer chercher Marthe.

MOUTONNET.

Avant d'aller plus loin, mon ami ; écoute-moi... j'ai un devoir à accomplir.

BELJAMES.

Un devoir ?

MOUTONNET.

Tu sais que j'obéis toujours à la voix de ma conscience.

BELJAMES.

Eh bien ?

MOUTONNET.

Eh bien, mon ami... crois-moi... Tu vas te couvrir de ridicule...

BELJAMES.

Hein ?

MOUTONNET

Ton gendre aime sa femme... Ta fille aime ton gendre, et tous deux ont parfaitement raison, attendu que ta fille est une adorable femme, et que ton gendre est le plus galant homme que je connaisse.

BELJAMES.

Qu'est-ce que tu me chantes là ?

MADAME BELJAMES.

Un galant homme qui enlève notre fille? La fiancée d'Onésyme?

MOUTONNET.

Justement... pour cela même qu'il s'est opposé à ce mariage.

BELJAMES.

Voilà du nouveau.

BLANCHE, à part.

M. René ne s'était pas trompé.

MARTHE, bas.

Tais-toi.

MOUTONNET, continuant.

Mademoiselle Blanche n'aime pas Onésyme, elle aime M. de

Norguet... par conséquent elle eût été malheureuse avec le premier, et elle sera heureuse avec le second.

BELJAMES.

Monsieur Moutonnet, vous n'êtes qu'une girouette... (Il lui tourne le dos et va devant la cheminée.)

ONÉSYME.

Pardon !... pardon ! mais j'ai mon amour-propre, et je ne voudrais pas... vous comprenez ?...

BELJAMES, qui a jeté machinalement les yeux sur la cocote qui se dresse devant lui.)

Ah !... oui, je comprends ! je comprends tout !

MOUTONNET.

Qu'as-tu donc ?

BELJAMES.

Ce que j'ai... (Prenant la cocotte et la lui présentant.) Regardez, monsieur Moutonnet... (Allant de la tête à la queue.) Cent mille francs de dot à ma fille si elle épouse M. Oné... syme Mouton... Signé : Bonardel !...

ONÉSYME, à part.

Ah !

MOUTONNET, de même.

Encore une sottise de mon garnement.

BELJAMES.

Voilà donc votre honneur ! votre délicatesse...

MOUTONNET.

Permets...

BELJAMES.

Vous n'êtes qu'un tartufe.

MOUTONNET.

Beljames !...

MADAME BELJAMES.

Nous trahir pour une misérable somme...

BELJAMES, furieux.

Nous qui le défendions contre notre gendre, et qui préférions son obscure alliance à celle de... Ah! je suis si fort en colère que je voudrais que M. de Norguet fût là, et qu'il vînt me dire...

RENÉ, se précipitant.

Monsieur, j'ai l'honneur de vous demander la main de mademoiselle Blanche votre fille.

BELJAMES, avec colère à Moutonnet.

C'est bien fait... (A René.) Je vous la donne.

MADAME BELJAMES, regardant Moutonnet d'un air menaçant.

Oui, soyez notre gendre.

BLANCHE, s'élançant à son tour.

Quel bonheur!

MADAME BELJAMES.

Ma fille!

BELJAMES.

Nous te retrouvons.

BLANCHE.

Mais je n'étais pas perdue!

MOUTONNET.

Mon ami, laisse-moi te...

BELJAMES.

Pas un mot, monsieur! ayez du moins la pudeur du silence... car enfin c'est vous qui me montiez la tête contre mon gendre.

MOUTONNET.

Moi?

BELJAMES.

C'est votre faute si nous avons cherché à le perdre dans le cœur de Marthe...

MADAME BELJAMES, avec colère.

Mais ils seront réunis malgré vous... Tenez, il me tarde de les voir déjà dans les bras l'un de l'autre...

BLANCHE, déployant la feuille du paravent.

Eh bien, petite mère, regarde par ici.

MADAME BELJAMES.

Ciel !

BELJAMES.

Ensemble.

FONTELAIS, qui embrasse sa femme.

Oui... nous signons notre séparation... Tenez... tenez... et si vous m'en croyez, belle-maman, nous signerons aussi la nôtre... J'ai promis à Blanche de faire amende honorable. Eh bien, j'ai eu tous les torts là... (Madame Beljames va à Marthe et l'embrasse. Marthe fait asseoir sa mère; Blanche est près d'eux, René est à gauche de madame Beljames; Fontelais et Beljames, au milieu du théâtre; Moutonnet et Onésyme sont au deuxième plan à droite.

BELJAMES.

Mon gendre, avouer ses torts, c'est les effacer... mon Dieu ! moi-même j'ai pu en avoir.

FONTELAIS.

Oh ! quelle idée.

BELJAMES.

Si... si...

MOUTONNET, à part.

Je perds un ami.. mais je gagne cent mille francs. On ne peut pas tout avoir... (Bas à son fils.) Onésyme, je crois qu'il est temps de retourner au Havre.

ONÉSYME.

Moi aussi... (Ils remontent.)

JULIEN, entrant, à Beljames.

Monsieur les hommes d'affaires sont toujours là, et.

BELJAMES.

Mettez-les à la porte... (Se ravisant.) Mon gendre passera chez eux.

FONTELAIS.

Oui; car j'ai un petite acte à faire à mon tour.

BELJAMES.

Comment ?

FONTELAIS, à demi-voix.

René épouse sans dot. Je ne veux pas lui laisser cet avantage sur moi... vous reprendrez les trois cent mille...

BELJAMES.

Mon gendre.

FONTELAIS.

Il le faut! ou nous plaiderons.. A vous la dot et l'hôtel.

BELJAMES.

Oh! non, monsieur, jamais... (Se ravisant.) Je le changerai pour une campagne à Ville-d'Avray.

FONTELAIS.

C'est une idée! (Haut.) Grâce à Dieu ! la paix est faite.

MADAME BELJAMES.

Ah! voyez-vous, mon gendre, il n'y a encore de vrai que la famille.

FONTELAIS.

Vous avez raison, belle-maman. (A part.) Aussi vais-je me dépêcher de m'en faire une.

* René, Blanche, madame Beljames, Fontelais, Beljames, Moutonnet, Onésyme.

FIN

Imprimerie L. TOINON et Cie, à Saint-Germain.